华夏文库
经典解读系列

生活的智慧

——简妙《周易》

鲁庆中 著

中原出版传媒集团
大地传媒
海燕出版社

“华夏文库”发凡

毫无疑问，每一个时代都有属于自己时代的精神追求、文化叩问与出版理想。我们不禁要问，在21世纪初叶，在全球文明交融的今天，在信息文明的发轫初期，作为一个中国出版人，我们正在或者将要追求什么？我们能够成就或奉献什么？我们以何种方式参与全球化时代的文化传播进程？在一连串的追问下，于是，有了这套“华夏文库”的出版。

自信才能交融。世界各大文明在坚守自身文化个性的同时，不约而同地加快了探视其他文化精神内涵的步伐，世界不同文明正在朝着了解、交流、碰撞、借鉴与融合的方向前进。在此背景下，建立自身的文化自信，正是与世界各文明民族进行文化交流的基本要求。五千年中华文明与文化正在不断地被其他文明所发现、所挖掘、所认知，汉语言正在生长为世界语言，儒文化正在世界各地生根发芽。借助这样一种正在成长着的文化自信、自觉、开放、亲和之力，用我们这个时代的学术眼光全面系统梳理中华五千年的文明与文化，向其他各大文明与文化圈正面展示自我，让中华优秀文化成为世界文化的重要组成部分，正是我们出版这套文库的目的之一。此其一。

知己才能知彼。身处五千年文化浸润的今天，重新思考我们先人的人生思考、价值思考与哲学思考，找到一个民族、一个国家的价值所在、立命所在、安身所在，这已经是我们这个时代的学人与出版人不得不再思考的问题。作为中华文明的一分子，我们在思考的同时，还必须了解我们的先人创造了如何优秀的精神文明与物质文明以及社会文明。只有熟知自己的文化，热爱自己的文化，悟明自己的文化，我们才能宣说自己、弘扬自己、光大自己。因此，我们策划组织这套“华夏文库”的初衷，还在于让当下的知识青年全面系统瞭望中华文明与文化的全景，并借此能够对更为深广的世界各民族文化提供一个比较认知的基础。此其二。

顺势才能有为。我们正处在农耕文明、工业文明、信息文明的交会处，信息文明带领我们从读纸时代进入读屏时代，以智能手机屏幕为代表的书籍呈现方式正在与纸质书籍争夺阅读时间与空间。我们正在领悟数字技术，正在以信息文明的视角，去整理、分析和研究农耕文明与工业文明的文化遗产，不仅仅是为了唤醒优秀的传统文化，我们还在生发和原创着当今时代的文化。由此，我们试图架起一座桥梁——由纸质呈现而数字呈现，由数字呈现而纸质呈现，以多媒介的书籍呈现方式，将文字、图像、声音与视频四者结合，共同筑成“华夏文库”，以奉献给信息文明时代的新读者。此其三。

总之，这是一套——专家大家名家写小书；以最小的阅读单元，原创撰写中华精神文化、物质文化与社会文明系列主题与专题；以图文、音视频多媒介呈现的方式，全面介绍与传播中华文明与优秀文化，系统普及与推介中华文明与文化知识；主旨是为了让世界与中国共同了解中国的——大型丛书，借此，复兴文化，唤起精神，融入世界。

耿相新

2013年6月27日

叙《周易》

《周易》是中华第一经书，它蕴藏着中国文化的一切基因，是解读中国人的关钥。

“八卦”是中华大地上第一篇雄文。它一画开天，凿破混沌，打开了整个世界，整理了自然万类，使天地万物在中国人面前变得澄明、有序。

“先天八卦”，是采集、狩猎时代的思想，给在没有道路的大地上东奔西跑的人以正确的方向感。方位观念是人类最早的思想。

“后天八卦”——《连山易》，是中国早期农业形态即“山地农业”时期的思想，是中国早期的历法图式。它根据植物一年四季的生长盛衰描述着自然万物生命的循环过程；它敬授农时，突出“时”的观念，是植物的思想。

《归藏易》是黄帝时代的易学，是中国早期由“山地农业”转向“土地农业”的思想，充满着土地崇拜。黄帝又号“归藏氏”，“归藏”是土地之德，“土纳百物”，土地生长万物，是万物所生之处，亦是万物回归之所。它有“道”的品格，是道家思想的起源。所以，后世“黄”“老”并称。

早期易学占“天道”吉凶，《周易》占人事吉凶。

《周易》以乾为首，称道“天”德。重生尚长，远鬼神而尊德行，将天道转向人道。《周易》推天道以明人事。占天道吉凶转向占人事吉凶，象占转向爻占，《周易》开始变卦占筮。

《周易》象的系统是宇宙的象征。它是一个变化的整体，其卦象往来互通，四通八达，互相涵摄，互为旁通，牵一发动全身，描述了宇宙万物内在的整体和谐。所以，它的变化是共时性的，它标示着一切的偶然巧合事件，都充满着意义与不可思议。

《周易》是一套“情境的哲学”，它是对人生万类情境的形式模拟与归纳，它可以让人明白：在生活中，在什么情境下，人应该如何行动。在人走投无路的时候，给人以出路。

《周易》充满变易，动态地理解生活，总给人以希望，所以，天无绝人之路。《周易》中的人，没有神的扶持，不受神启，像植物一样，立足大地，向天空生长，是自强不息的自我成就。

《周易》的人，是自由的，其性在学习中生长，生存于天地之间，天地万物即是人取法的对象。

《周易》的人，是忧惧的，总能居安思危，处泰虑否，高瞻远瞩。

《周易》的人，是虚中的，能够包容与含藏，有厚德载物的宽博胸怀；其居中的生活是适度的，充满弹性，它创造了屈伸自由、进退优游的美的生活境界。

《周易》训练人灵动的思维，涵养人自由的心性，培育顺随自然的德行，增长生活的智慧，提高做事的才干。

《周易》是卜书，也是哲学，可以用占卜解决疑难，但不轻占，最后达“不占”而断。

《周易》为君子谋，不为小人谋。

是为序。

目 录

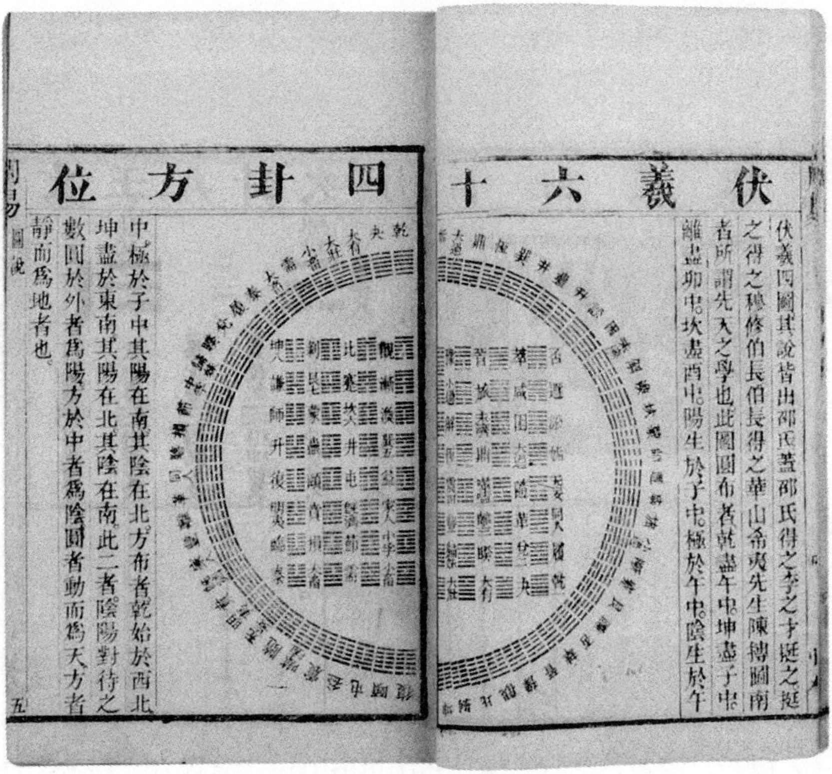

伏羲六十四卦方位

伏羲四圖其說皆出邵氏蓋邵氏得之李之才挺之挺之得之穆修伯長伯長得之華山希夷先生陳摶圖南者所謂先天之學也此圖圓布者乾盡午中坤盡子中離盡卯中坎盡酉中陽生於子中極於午中陰生於午中極於子中其陽在南其陰在北方布者乾始於西北坤盡於東南其陽在北其陰在南此二者陰陽對待之數圓於外者爲陽方於中者爲陰圓者動而爲天方者靜而爲地者也

周易 圖說 五

《周易》书影（据清光绪锦江书局影刻山东尚志堂本）

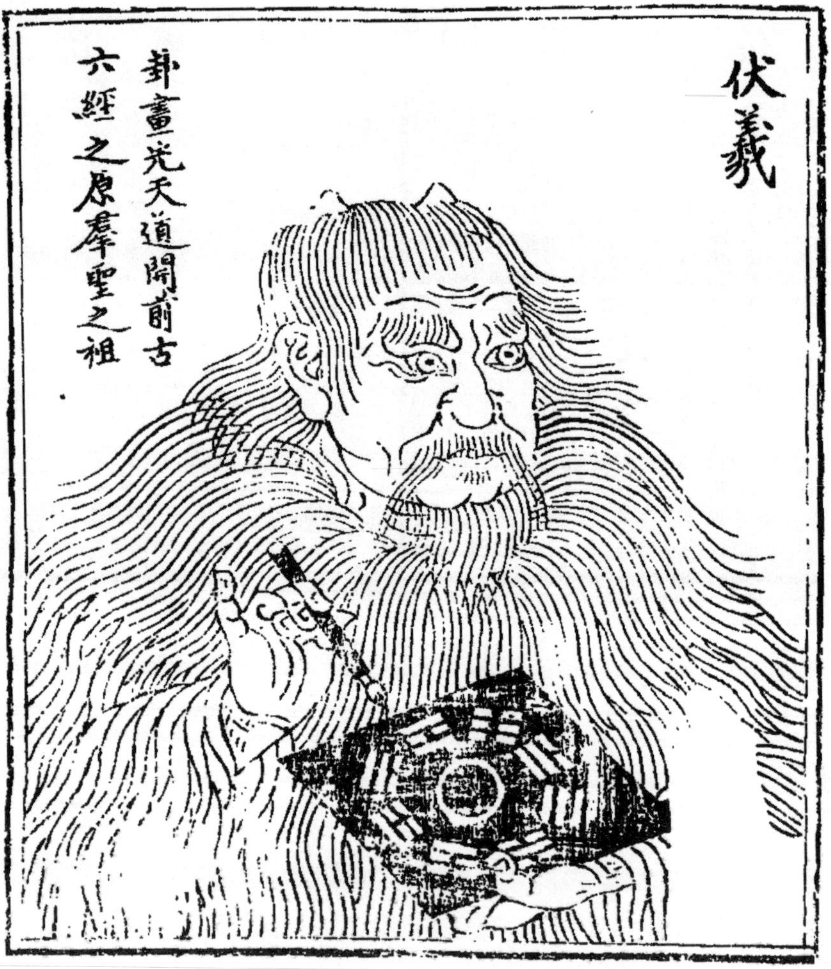

伏羲像（据明刻本《历代古人像赞》）

天下第一经

人，并不是单靠吃饭活着的。

不吃饭，人会饿；不读书，人也会饿。当然，人也有不同的境界，有的人一辈子不读书好像也没有饿过，这是抬杠的话。这里我们只是说，读书是人的精神追求的一种方式，人除了需要肉体获得能量补充，还需要精神的充电：有些人是因为生活没趣，要找点儿趣味而去找书读，精神无聊不是无意义，而是无靠，精神要靠点儿什么才安生；有些人是生活中遇到了技术的难题了，要解决，才去读书；有些人是因为精神上危机了，有了危惧的事情了，甚至是大难临头了，才要读书寻找精神的出路。自觉的人提前读书，未雨绸缪；功利的人遇事才找书，临时抱"书脚"，总之，人离不开书。实际上，即使有人不读书，也不代表他没有精神追求，再没有文化的人也喜欢听故事。

但是，放眼望去，书海茫茫！书，泥沙俱下，鱼龙混杂，歧路丛生！本来人生是遇到了难以抉择的事情才需要读书，而书本身又成了难以抉择的对象，"何处是归程"？

"长亭更短亭"！

我在教授学生们如何读书的时候，如《周易》的训导，择要而从。我主张“三最”读书法。一是要读与你当下最需要解决的问题相关的书，它们有急救之效，像感冒的要打点滴；一是要读最经典的名著，它们像中药，有慢养调和之功，而最重要的是第三“最”——要读人类最早的书，即“天下第一经书”。

天下第一经书，不是指天下最好的唯一经书，这里，它指的是世界各民族中每个民族的第一本书。

所以，天下第一经书也不少，每个民族都有自己的第一经。但是，要中有要，再要择要而从起来，实际上，真正对人类影响最大的经书，也没有几本。大体上，有源自希伯来人的《圣经》，还有与《圣经》相关的《塔木德》，古希腊的以《荷马史诗》为代表的神话系统，印度人的《奥义书》，伊斯兰教的《古兰经》。如此等等。那么华夏民族的第一经就是《周易》。

为什么第一经那么重要？

首先，这些天下第一经是每个民族智慧的源头，它们表达着每个民族的先人对宇宙对人生的本源性的解释：

宇宙从哪里来？要到哪里去？

人从哪里来？要到哪里去？

《圣经》第一篇《创世记》即说宇宙自然万物与人是万能的上帝用六天的时间创造的，第七天上帝要过礼拜天了。

古希腊神话说，宇宙最初是一片混沌，后产生了地母盖娅。地母盖娅生乌拉诺斯，又与之结合生出六男六女的十二个泰坦神，这十二神互相结合，生出了日月星辰，生出宙斯等神，由此，形成奥林匹斯山神系。希腊人以一个严密的家庭的产生解释了宇宙自然、人类的来源。

《古兰经》第一篇即《开端》，是经书的开端，也是宇宙的开端，它讲述道，天地之前有一位至仁至慈的真主安拉，创造了宇宙万物及人类。

印度《奥义书》有五十种，又称《五十奥义书》，经书认为，“从空生风，从风生光，从光生水，从水生土，从土生万物”。

《推提利耶·奥义书》又为前面的解释安上一个神的开头，经书上说：“世界的第一步，由梵生空，由空生风，由风生火，由火生水，由水生地，于是物器之世界大告完成。”

《周易》给出的解释是：“易有太极，是生两仪，两仪生四象，四象生八卦。”太极，空空洞洞，混混沌沌，无际无边，是元气之始，由太极而分化出阴阳二气，阴浊的气下沉，轻阳的气上升，上升的形成了高天，下沉的形成了大地，天地间阴阳二气相摩相荡，于是产生了四时的交替，阴阳在四时的交替中，以不同的构成，就生出天、地、水、风、雷、火、山、泽八物，宇宙与人类就是这么来的。

这种原初的解释，决定了一个民族的精神走向，他们是怎么认识宇宙、人生的，他们就会如何对待宇宙、人生。如基督教既然认为人是神圣的上帝创造的，人就害怕上帝，诚惶诚恐，依托上帝，不敢自立。上帝创造了人，把人安置在幸福的伊甸园里，可是那个女人夏娃，受了蛇的引诱偷尝了不让吃的水果，就犯了罪，被上帝逐出了快乐的园子，又派两个天使把门，人永远不能再回去，就被发配到大地上，子子孙孙世世代代都被连坐着，戴着祖先犯下的无尽的原始罪孽，痛苦地艰难地生活着，以恕其罪过。人是有罪的，所以，必须受苦受难以恕其罪过，这是基督教的基本信条。也决定了基督教徒如何生活，如何做人，如何做事。做事兢兢业业，踏实认真，做人恪守戒律，敬畏神明。

中华民族《周易》对宇宙、人生来源的解释，是一种自然生成的，从科学的角度上说，好像比神话更靠谱点儿。这里没有了像人一样的神的干涉，人的生活，就是独立的，可以自作主张的。所以，对中国人，西方人就非常惊讶：中国人没有上帝，这几千年不知道怎么走过来的！

所以，一个民族原始的信念，决定着一个民族的精神是什么样子。第一经典的价值观念，往往成为一个民族的基本信条。

爱因斯坦认为，科学是发现客观真理的有效手段，但它发现不了信念的真理，比如人类渴望的目标是什么，客观知识可以为人类达到目标提供些工具，而人类的最高目标则来自宗教，是科学证明不了的。他说：“我们的抱负和判断的最高准则是由犹太—基督教的宗教传统给予的。”《爱因斯坦文集》进一步地讲，他将犹太—基督教宗教设定的最高目标，从人的角度，不是从神的角度，总结为：“个人自由而又负责任地发展，从而可以在服务全人类的过程中自由而快乐地行使自己的能力。”犹太—基督教的教义在这里变换了一种形式。

再者，原始的第一经典，都包含着一个民族后来发展的所有信息密码。一个民族的一切文化现象，都可以从第一经中找到源头，找到根据。一个民族的最早一部经书，就是这个民族的文化之根。这部经书保存着一个民族文化的基本母体，正是这些基本的原始母体被一代代地不断复制，变形，流传，并在后来的历史文化中被不断地强化，才形成所谓的民族传统与民族性格。

所以，不了解一个民族的第一经书，就不能了解这个民族。如《周易》中的阴阳观念作为中国精神的一个基本视角，到现在都还在中国人的生活中，连感冒，中国人都能区分出个热伤风，还是着大凉。西医只研究感冒病毒，把它看作细菌在搞破坏。

因为，“天下第一经”是那么的根本，所以，在每个民族中，它们都是非常神圣的，是庄重、严肃、凛然不能侵犯的。因为在第一经中，反复地传诵着一个民族的基本精神，反复地投射着历史的期望，它使每个民族的每个人，都能从中找到精神的安息之处，所以，它是民族的精神家乡，它蕴藏着民族的基本信念，是民族灵魂的小屋。

但中国的《周易》非常例外，生在中国，非常不走运。中国人不尊重自己的第一经。它虽然也曾被称为“群经之首”“三玄之冠”，然而，在后世的子孙手里，它沦落在街头算卦的地摊上，任人亵渎。如“八卦”这个词，现代人把它弄成了多嘴多舌、搬弄是非、捕风捉影、无事生非、无根据信口胡说的代名词，如广东称“八婆”，全称就是“八卦婆”。旧词翻新，相当火爆，什么八卦娱乐、明星八卦、影视八卦、地产八卦、历史八卦、花边八卦、职场八卦，八卦狗仔队、八卦女人、八卦生活，有的网站就直接以八卦命名，叫“八卦网”，这“八卦”，做名词，做动词，做代词，做修饰词，样样皆能，灵活给力，仿佛中国进入了一个“八卦”的时代。我们的第一经，好不凄惨！

当然，无知的人，拿它开涮，而真知的人，则对它十分敬畏。老子说过：“上士闻道，勤而行之；中士闻道，若存若亡；下士闻道，大笑之，不笑不足以为道。”斯之谓也。

所以，读书，必须读天下第一经，它是一个民族的精神纲领，它能使人获得领悟一个民族精神与文化的至高视角。

从《易》《周易》到《易经》

一般人往往会认为,《易》《周易》与《易经》是一回事儿,实际上,它们不太是一回事儿,有必要做一说明。

说到《周易》,据文献所载,应该有三:即夏代易书《连山易》、商代的易书《归藏易》与周代的易书《周易》。

在汉代,《连山易》与《归藏易》都失传了,就剩下了《周易》。而汉代人就推崇《周易》为群经(《诗》《书》《礼》《易》《乐》《春秋》)之首,把它作为儒家的经典,所以,《周易》又称为《易经》。由于易道的玄奥幽深,后来到魏晋时期,道家的人物又把它作为玄学的著作,作为"三玄"(《周易》《老子》《庄子》)之冠,它又成了道家的典籍。其实,《周易》是中国儒道两家的思想之根,也是中国文化的大本大根。

下面就主要介绍作为经书的《周易》。

《周易》的名称怎么来的呢?

有人认为,"周"就是周遍,"周普无所不备",说它包括了天地间万事万物的道理;也有人认为它是周朝的名号,周代龙兴的地方叫岐山,亦名"周"。后者比较靠谱。因为周代的许多著作都以朝代名命名,如《周书》《周礼》等等。

“易”，也有不同的解释，有人认为“日月为易”，也有人认为“易”就是变色虫“蜥蜴”，因善变色，故名之。总之，《周易》就是一本探讨变化及其规律的书，亦是教人如何变化的书。所以，后人又演化出“变易”“不易”“简易”“交易”等相关的意义来。

一般人们都认为《周易》是卜筮之书，这都是直接或间接地受了朱熹的影响。而往往一说到卜筮，人们就习惯性地马上把它与迷信、愚昧、非理性、毫不讲理连到一起了。事实上，《周易》用象数描述世界、理解天地万物的方式，绝对是理性的，是非常智慧的，它是真正的哲学。没有这一点，它无从发展起来，也成不了中国人的精神之根。从起源上虽然可以说《周易》是卜筮之书，但从它生成的主要方面看，它是包含着大智慧的哲学著作。

《易》本于象，象起于数。数才是中国人最为“迷信”的东西。中国人描述王朝江山的不幸命运爱用一个词叫“气数已尽”，来表示那种灭亡的无力回天的确定性。事物的生灭是气，但气抽象看不见，数却是定量地描述气的变化的，是显示数的，这样，数就具有了非凡的意义。世界上还没有哪一门学问那么像数术一样原始，那样具有理性、必然性与自然性。对数的“迷信”，显示了中国人早期的理性智慧。

相比起来，龟卜才显得神秘不着调儿。用吃过肉的龟甲，上面再钻个眼儿，然后再用火烧，观察钻眼儿处周围的裂纹的形状，根据裂纹不同的形状来判断人事的吉凶，越想越觉得这样判断未来，方法不可思议，且匪夷所思！所以，这种方式必然被聪明的先人放弃。丢掉了龟卜，而使占筮的《周易》发展成了哲学，它所体现的实在是人类追求的理性的力量！

《周易》发展历史漫长，内容广博庞杂，可以从三个方面来全面了解《周易》的概况：经、传、学。

“经”是《周易》最核心的部分，它包括八卦、六十四卦卦象、卦名、卦辞、爻辞。据史传八卦为伏羲所创。将八卦推演为六十四卦的人，传说上就多了，有人认为是伏羲氏、神农氏，还有人认为是黄帝、大禹，更多的人认为是周文王。卦名的确定，传说中没有讲都是哪些人做的，差不多成集体创作了。而卦辞据史载被认为是周文王做的，爻辞则是他的小儿子周公旦继父之业后来完成的。如需卦：

䷄《需》：有孚，光亨。贞吉，利涉大川。

初九，需于郊，利用恒，无咎。

九二，需于沙，小有言，终吉。

九三，需于泥，致寇至。

六四，需于血，出自穴。

九五，需于酒食，贞吉。

上六，入于穴，有不速之客三人来，敬之终吉。

符号是卦象，由内卦天外卦水构成，下卦为内卦，又叫“贞卦”；上卦为外卦，又叫“悔卦”，组成卦象的元素叫爻，只有两个，即阴阳爻，自下往上共六个位，都用阴爻⚋表示，阴爻叫六，为老阴；阳爻⚊称九，九为老阳。需是卦名，对卦的解释是卦辞，它说明卦的意义；下面从下往上初九、九二至上六，都是爻题，后面的每句话，都是爻辞，都是解释该爻的意义的。据说，卦辞与爻辞都是当时人们的具体占筮记录。文辞简古，语气权威不容置疑。

值得说明的是在《周易》中的六十四卦分上下经，其排列是非常有序的，亦是非常有意义的。

一、以乾为首，是《周易》与《连山易》《归藏易》的基本精神的区别。体现了周人刚健有为的精神崇尚。

二、前三十卦始于乾、坤，终于坎、离，描述天道的运行；后三十四卦始于咸、恒，终于既济、未济，是对人道运行的展开。整个六十四卦是对一个完整的事物发展过程的描述，终于未济，表明另一循环过程的开始，万物终始，运行如环，没有终结。

三、对六十四卦内部序列，唐人孔颖达总结为“两两相耦，非覆即变”，即六十四卦中卦卦都是成对的，成对的卦有的是两个卦互相颠倒的，如：屯䷂、蒙䷃，泰䷊、否䷋等即覆卦；“变”就是两卦的对应的爻都是相反的，如乾䷀、坤䷁，既济䷾、未济䷿等。后人又认为覆卦为综卦，变卦为错卦，这就是“错综复杂”一词的来历。六十四卦有序排列，充分展示了《周易》设计者的理性精神。

当然，后来马王堆帛书《周易》出土，出现了八卦分宫排序的方式。这里不再说明。

再说“传”。中国古代，始创的文献，时间久了，后人看不懂了，就需要后人解释、整理以帮助更后的人来理解，这就是“传”。附在《周易》后面的即是《易传》，因为有十篇，又叫“十翼”，“翼”即翅膀，有辅助的意思，所以，它是帮助理解经文的，也是通行本《周易》非常重要的内容。这《易传》传统上一般认为是孔子的作品，如司马迁《史记》中即认为，《易传》大部分是孔子的作品。但经过自宋欧阳修怀疑后，一直怀疑不断，就没有人再这么坚持了。现在人普遍认为，《易传》中有孔子的作品，但却是自春秋以至汉初诸家的集体创作。

《易传》中首先出现的应该是《大象传》，它主要是用来解释卦象与卦义的，它不解释卦辞。

后有《彖传》。汉代经师解“彖”为“断”，就是判断一卦的基本意义，它是解释卦辞的。

之后还有《小象传》，它主要是用来解释爻象与爻辞的。

还有《文言传》。《文言传》只解释乾、坤两卦的卦爻辞。传说是弟子对孔子讲易的笔记，也有人认为是假托孔子的言论。

以上《易传》，特点都是逐字逐句地解释《周易》经文。

而通论《周易》哲学思想的则是《系辞传》，又称《易大传》，因为内容太长，分上、下两传。这是发挥《周易》哲学思想的最精彩的部分，也是最经典的部分。它的得名可能是因为它主要根据卦爻辞来通论其大义。

还有《说卦传》。它的主要内容是解释八卦的形成、象征物以及八卦卦象与卦义的。可以看作是对早期《周易》发展历史的回顾与记录。

《序卦传》主要是解释六十四卦卦序如何编排的。如“有天地，然后万物生焉。盈天地之间者唯万物，故受之以《屯》。屯者，盈也；屯者，物之始生也。物生必蒙，故受之以《蒙》。蒙者，蒙也，物之稚也。物稚不可不养也……”，这是以一种理性的态度，对卦序的解释。

最后还有《杂卦传》，它根据卦名，成对地解释了六十四卦的卦性、卦义。如“乾刚，坤柔；比乐，师忧……”。因为它没有按照卦序排列，主要成对讲卦，所以，叫“杂卦”。

说起《易传》，不得不说，近代的疑古派主张，研究易学，必须将“经”“传”分开。事实上，古人从来都没有把“经”“传”分开过。为什么？“传”本来就是解“经”的，离开了“传”，“经”真的成了无字天书，没人能知道古人在表达什么。要不是先秦时期给我们保留下来的《易传》，今天的《周易》恐怕我们无从理解它的内涵了。正是《易传》，给了我们理解《周易》的钥匙。

“学”的部分是后人对《周易》的研究与拓展，内容搏杂，包孕万类，故而不论了。

训练出神入化的思考能力

中国古代的知识往往都是程式化的经验，打拳有固定的套路，练书法有不变的“永字八法”及提、按、顿、挫等，绘画有基础性的皴、擦、点、染的法式及小块景致的拼接组合……这些都是学习技艺的入门之处，其过程就是：

先把这些初级的套路性的东西玩得熟练；

再打破套路，把那些套路中的小片段按照有效原则、便捷原则、简单原则、美的原则，进行重新组合并在新的情况中达到自由运用，这时，技艺的训练又达到一个新的境界；

最后，随着程式化套路的打破与重组，自由运用程度的提高，在具体的实践中，忘掉了那些程式化的套路，进入自然而然，即达到出神入化的境界。

这就是传统技艺所谓的“入之有法，出之无法”。

“入之有法”，就是那些前人总结出的现成的、成熟的、程式化的套路，初始学习的时候，要按成熟的套路进行，因为技艺的学习以实用为目的，所以，要最有效、最便捷、最简单，在此基础上，再追求美的原则。

“出之无法”，就是技艺的学习达到一个随意创造、自由无碍而忘掉套路的境界。

所以，民间有个谚语说得很好，技艺的学习是："熟能生巧，巧能生精，精能生慧。"

套路的熟练能使人变得灵巧，并解决一些初步的问题；巧再进一步熟练而变得精专，进入匠人即专家的阶段，能熟练地解决一切经常出现、正常出现的问题，但还缺乏创造力，基本上是守规矩，不越雷池；技艺的精专再进一步纯熟，就能生出智慧，而触类旁通，迸发出无限的自由的创造力，能解决一切以前没有遇到的问题，并且能开创出一片新的天地、新的境界。道家的说法即是"技进乎道"。

那么，这与《周易》有什么关系呢？

以上所介绍的都是普通技艺的学习过程，都是生活中人们比较熟悉的东西，而《周易》毕竟是无形的东西，一般人一是不容易接触得到，再者，学习也不是那么容易。所以，《周易》是古代中国人训练思考力、培养智慧的技艺！

用什么训练及如何训练呢？它也有成熟的套路，这些套路大体上有这样几种模式：

一、阴阳模式；二、五行模式；三、八卦模式；四、六十四卦模式；五、河图模式；六、洛书模式；七、综合模式，如洛书、八卦、五行的合体模式。

实际上，后来的占卜、算命、堪舆、观象等等术数类的知识，如奇门遁术、连山易数、梅花易数、铁板神数、占星术等等，都是这几种模式不同组合的运作。

这里，《周易》最基本的是阴阳模式与五行模式，因为其他的模式都是由它们的不同组合形成的。

阴阳模式的功能，一是给整个世界的万事万物分类，一是解释自然万物的内部构成只有阴阳二气。这个容易理解与掌握，不用怎么训练。

五行模式是用来解释世界万事万物之间的动态关系的，基本有两种：相生或相克。这个也不复杂，容易掌握与操作。

阴阳与五行，构成了一个完整的解释世界的思维模式：阴阳内，五行外；阴阳静，五行动；阴阳个体，五行整体。

学《周易》首先要记住《八卦歌》：

乾三连☰　坤六断☷　震仰盂☳　艮覆碗☶
离中虚☲　坎中满☵　兑上缺☱　巽下断☴

一般人开始学《周易》的时候，往往只念卦辞、爻辞，可能觉得卦象不好记，难以掌握，所以，投机取巧，取言弃象，这是错误的。《周易》是用“象”思考的技艺，八卦符号当烂熟于心，达到存象忘言、观象知类的地步。

同时对八卦的卦德、取象也应该熟记：

乾，健也。坤，顺也。震，动也。巽，入也。坎，陷也。离，丽也。艮，止也。兑，说也。

乾为马。坤为牛。震为龙。巽为鸡。坎为豕。离为雉。艮为狗。兑为羊。

乾为首。坤为腹。震为足。巽为股。坎为耳。离为目。艮为手。兑为口。

乾，天也，故称乎父。坤，地也，故称乎母。震一索而得男，故谓之长男。巽一索而得女，故谓之长女。坎再索而得男，故谓之中男。离再索而得女，故谓之中女。艮三索而得男，故谓之少男。兑三索而得女，故谓之少女。

乾为天，为圜（yuán，圆环），为君，为父，为玉，为金，

为寒，为冰，为大赤，为良马，为老马，为瘠马，为驳马，为木果。

坤为地，为母，为布，为釜，为吝啬，为均，为子母牛，为大舆，为文，为众，为柄，其于地也为黑。

震为雷，为龙，为玄黄，为旉，为大涂，为长子，为决躁，为苍筤（láng）竹，为萑（huán，芦）苇。其于马也，为善鸣，为馵（zhù，后左足白色的马）足，为作足，为的颡（sǎng，额头）。其于稼也，为反生。其究为健，为蕃鲜。

巽为木，为风，为长女，为绳直，为工，为白，为长，为高，为进退，为不果，为臭。其于人也，为寡发，为广颡，为多白眼，为近利市三倍。其究为躁卦。

坎为水，为沟渎，为隐伏，为矫輮（róu，使弯曲），为弓轮。其于人也，为加忧，为心病，为耳痛，为血卦，为赤。其于马也，为美脊，为亟心，为下首，为薄蹄，为曳。其于舆也，为多眚（shěng，"过失"之意），为通，为月，为盗。其于木也，为坚多心。

离为火，为日，为电，为中女，为甲胄，为戈兵。其于人也，为大腹。为乾卦，为鳖，为蟹，为蠃（luǒ，螺），为蚌，为龟。其于木也，为科上槁。

艮为山，为径路，为小石，为门阙，为果蓏，为阍寺，为指，为狗，为鼠，为黔喙之属。其于木也，为坚多节。

兑为泽，为少女，为巫，为口舌，为毁折，为附决。其于地也，为刚卤。为妾，为羊。

这是《说卦传》中的八卦取象，还有来自《周易》卦辞中的八卦取象，都应尽可能多地掌握，记得越多，八卦所引起的联想就越丰富，八卦运用得就越灵活，越易形成触类旁通的思维方式。

其余应背会的有《上下经卦名次序歌》：

乾坤屯蒙需讼师，比小畜兮履泰否，
同人大有谦豫随，蛊临观兮噬嗑贲，
剥复无妄大畜颐，大过坎离三十备。
咸恒遁兮及大壮，晋与明夷家人睽，
蹇解损益夬姤萃，升困井革鼎震继，
艮渐归妹丰旅巽，兑涣节兮中孚至，
小过既济兼未济，是为下经三十四。

《分宫卦象次序歌》：

乾为天，天风姤，天山遁，天地否，风地观，山地剥，火地晋，火天大有。

坎为水，水泽节，水雷屯，水火既济，泽火革，雷火丰，地火明夷，地水师。

艮为山，山火贲，山天大畜，山泽损，火泽睽，天泽履，风泽中孚，风山渐。

震为雷，雷地豫，雷水解，雷风恒；地风升，水风井，泽风大过，泽雷随。

巽为风，风天小畜，风火家人，风雷益，天雷无妄，火雷噬嗑，山雷颐，山风蛊。

离为火，火山旅，火风鼎，火水未济，山水蒙，风水涣，天水讼，天火同人。

坤为地，地雷复，地泽临，地天泰，雷天大壮，泽天夬，水天需，水地比。

兑为泽，泽水困，泽地萃，泽山咸，水山蹇，地山谦，

雷山小过，雷泽归妹。

《分宫卦象次序歌》是观象定卦的基础，也是据象见意的入门。

《上下经卦变歌》：

讼自遁变泰归妹，否从渐来随三位。
首困噬嗑未济兼，蛊三变贲井既济。
噬嗑六五本益生，贲原于损既济会。
无妄讼来大畜需，咸旅恒丰皆疑似。
晋从观更睽有三，离与中孚家人系。
蹇利西南小过来，解升二卦相为赘。
鼎由巽变渐涣旅，涣自渐来终于是。

掌握好卦变歌，就掌握了六十四卦的往来互通，要熟练到不用思考即“感而遂通”的境界。

这些，都是《周易》训练大脑的基本套路，就像训练其他技艺一样，要达到入之有法，而进入出之无法的境界，就能训练出出神入化的思考力。

走出思维的困惑

近百年来，中国人的西化，使自己与历史恍如隔代。自己的思维方式，也因而变得面目全非了。

现代中国人训练思考力的方法有三个类别：一是辩证逻辑；二是数学；三是基础逻辑。

先说数学的、逻辑的方法，这些从西方传过来的东西，用今天的话来说就是科学的方法。实际上，数学，虽然一般人感觉不到它对思维的训练，但它确实潜移默化地提高了中国人严密的思维水平。而逻辑，虽然到了大学，才有一部分学生能接触到它，才能有机会学习，但现代的所有知识系统中都是用西方的逻辑方法组织起来的，这些包含在其他知识系统中的逻辑，也无声地滋润了中国人思维的原野。经过近百年的磨炼，中国人的思维基本西化了。

客观地讲，数学的、逻辑的方法，与《周易》的方法相比，各有所长。

前者追求确定性、可验证性，具有可证实性，即证明命题的真实性、正确性，如一加一必须等于二；也具有证伪性，即证明命题的不正确，如证明一加一等于七是不正确的。所以，它是死的脑筋，不变通，这样形成的知识，西方人叫定理或定律，以解决自然的物质世界的表象问题见长。

《周易》的思考方法，训练的是灵活、通达、触类旁通，它追求实际应用的有效、便捷、简易，不具有确定性，是活的脑筋，以解决人的精神世界或人际间的问题见长。

逻辑思维用“概念”思考，概念都是抽象的；数学都是用数字思考，那更是抽象的。概念与数字都有准确的内涵。

而《周易》是用“象”思考，“象”是具体的，“象”所显示的“意”却是模糊的，所以，“象”所显示的“意”，不能用语言的概念准确地表达，只能用“象”显示，正如王弼在《周易略例·明象》中所说：“夫象者，出意者也；言者，明象者也。尽意莫若象，尽象莫若言。”他说，概念不能表达思想，概念只能描述“象”，思想只能用“象”来显示，概念与思想终隔一层。

所以，从《周易》的角度，逻辑是不成立的！

再讲讲与《周易》关系至为密切的辩证逻辑。

辩证逻辑是通过国家意识形态的教育系统，强制性地训练的，大家都得学辩证法，弄得与辩证法不搭边儿的中国古代的哲学，也要与辩证法攀亲戚，《周易》《道德经》、中医，都成了辩证法。由于担心影响了先进的唯物主义辩证法的崇高地位，学者们就不敢把中国古代的东西说高了，只好说自己的辩证法是朴素的辩证法，遂将之与落后愚昧放到一块儿。弄得现代人一听是古代的，马上就产生过时、原始、落后、愚昧、低级的联想来！致使中国几千年的历史文化成了一堆破烂儿。

中国人的思想被辩证法格式化了。现代的一般的中国人虽然不一定知道唯物主义辩证法，但他们都记住了这样的几句话：

一是没有继承就没有发展，我们要批判地继承，一定要取其精华，弃其糟粕。

可是就在哪些是精华、哪些是糟粕上，不知道该按照谁的标准。

二是看问题不能绝对，要一分为二，事情有好的方面，就有坏的方面，既不能肯定一切，也不能否定一切。

可是，就在哪些是好的、哪些是坏的上，也各说一段理。

这种“既不能……，又不能……”格式成了一种最具特征性的辩证法的表述格式。这样的思考方式，往往让理论层次低、讲不好道理的人无所适从。

《周易》的思维方法倒是与辩证的方法有些相像，它虽然也有阴阳对立、相反相成的观念，但实际上，它的思维要复杂得多。其最大的不同就是《周易》是生成论的、和谐论的，它的变化观是主张继承的，它强调变化，而不主张发展，《周易》是循环论的；而辩证法的否定之否定则是颠覆性的，它是主张事物线性向前发展的，它要推翻、破坏前面的来成就自己，达到发展。所以，它往往被看成是“革命”的理论。

再者，《周易》思维有诸多方式，如数学思维、唯象思维、整体思维、逻辑思维、情感直觉思维等，它并不只有辩证法一种方式，因此不能将它与辩证法混为一谈。

太极智慧

俗话说："眼见为实，耳听为虚。"这说明了人对自己的眼睛比自己的耳朵更信任。事实上，一般人都对自己身边实实在在存在的一切有形有状的东西，如日月、风雨、雷霆、泉水、山石、花草、虫鱼等等，相信它们绝对是真实的，这些东西视之有形色，感之有大小，触之有温凉，称之有轻重，不容得你不承认。这就是普通人的脑筋与生活，平常家长里短，柴米油盐，饥食渴饮，困睡累歇，目不视一叶之外，耳不闻无声之音，思不出有形之表，眼有不见，思有所盲。普通人的世界，是一个可靠牢固的踏踏实实的物质世界！如此俗人的思维方式是非常顽固的，所以，世世代代普通的人都那么近视、短视、愚蠢！这样的思维方式不更新，不改变，这样的种族，就永远生活在他们所认为的"真实"的生活之中，永远生不出智慧。

即使有一天，有圣人者出，告诉他们，这一切眼见为实的变乱纷繁的无限世界，来自一个永恒不变的东西，而且这个永恒不变的东西还就在这个变乱纷繁的世界之中，它决定着这个世界的一切东西的生灭变化。掌握了它，就掌握了这个世界，掌握了这个世界上的一切事物。但一般人看不见，摸不着，也不会相信，而且还会嘲笑说话的人神经。

上面所说的事情存在吗？存在！

那些普通人就是中国的先民，那个生出万物并一直存在于万物里面活着的永恒不变的东西叫“道”，发现它的人就是老子。

老子站在万物之初的道来看待宇宙万物，将中国人观察世界的视角由形形色色的万物，提高到了万物的源头；由“有”而转移到了“无”，彻底颠覆了中国人看待世界的心智，完全改变了中国人眼中的世界状况，也改变了中国人的价值观及生活方式。所以，看明白老子哲学意义的人，认为老子是大智慧者。看不明白老子思想的人，讥之为“玄学”，玄为黑，玄学就是幽暗难明之学。所以，老子说：“上士闻道，勤而行之；中士闻道，若存若亡；下士闻道，大笑之，不笑不足以为道。”老子非常明白，人们的智慧不同，对道的领悟就会存在不同的境界。实际上，近三千年过去了，即使轻蔑古人落后且自视甚高的现代人，相当多的人仍然没有读懂《道德经》。

世上有老子，思出鬼神外！

圣人伟大到何处？即在于他们改变了整个民族的“心智”。当孔子沿着《周易》中“生生不息”乾阳刚健的精神生发出“仁”学的思路，向下整理人间秩序的时候，老子则沿着《周易》的思路由万象上推，回溯到万物起源的地方，发现了道——这个宇宙万物的总纲。孔子为人间立法，老子为天地立心。

实际上，老子的道，就是易学中的“太极”。《系辞传》中说：“易有太极，是生两仪，两仪生四象，四象生八卦。”这实际上是描述宇宙万物生成过程的。这里，八卦虽然象征了自然万物，自然万物都可以以它们来归类，但它们毕竟是八种有形的具体的事物，是实实在在的，至于四象、两仪、太极，都尚处无形无象的状态，都还在抽象之中。这种思维的前溯，是一种革命。正如《系辞传》

中所说："形而上者谓之道，形而下者谓之器。"易学将世界分成形下的与形上的，而且认为形上的比形下的更重要，更根本，它标志着中国人的思维，已由实的世界，而进入了虚的世界之中。《周易》已经变成了哲学。没有这一点，中国艺术无从谈起。

人类对世界的抽象程度，决定了人类理性与智慧的高低。太极即是对世界本源的终极抽象与终极追溯，它就像西方的上帝，决定着人们观察世界的最高方式，也影响着人们的生活。

当汉代人把太极说成是"纯和未分之气"的时候，自然万物一切都必须用"气"来解释，它们都是气的生成，是元气所凝聚，所以，汉代就从气这个角度把握自然万物，气本身也虚无无形，但它显现于具体的事物之中，所以，汉代人就发明的"卦气"说，以之来探讨物候之学，研究自然阴阳灾变之理。"卦"是显示"气"变化的外在之象。

魏晋人如王弼从玄学的角度解释《周易》，把太极看成是"一"，看成是"无"，实际上是把易学看成了道学。被汉代实体化为气的太极，这里被观念化了，成了一个思想的概念，不是一个实存的东西了。玄学时期太极究竟是元气、天地、虚无，经过激烈的争论，到唐代孔颖达重新把太极定在构成宇宙原初物质元素的元气上。这反映了唐人泥于实存而抽象思维水平的不高。

宋人把太极理解成了"理"，理没有形迹，谓之"无极"。无极不是在太极之上又有一个东西，它表示太极之理是天地万物的最高范畴。太极是天地万物的总根源。周敦颐太极图中，即不讲筮法，直接将阴阳五行万物合起来讲，太极动而生阳，静而生阴，阴阳交合，生出金、木、水、火、土，五行顺布，就是四时，阴阳五行相交，生出自然万物。自然万物就是太极自然展开的生成。生成以后，太极又蕴藏在阴阳五行及万物之中，朱熹说"物物各有一太极"，物当然也包括人。太极寓于物中，不即不离。他将太极纳入了其理学最高范畴之中。

邵雍认为“太极即心”，这个说法意义重大。心无思无为，不起动念，如同止水，整一不分。心动，念头起动，动则为奇数；止则为静，静为偶数。奇偶数变化规则，根源于未动的心——那个太极。佛家只讲空性之心，如何幻化出无穷法相世界，邵雍则用太极生八卦的方式，描述了无思无为的心是如何变化万象的。实际上，说明了太极不外于人而内在于心的天人同体观念。这是对人的内在世界——心这个黑箱的非常有创意的解释。这种观念启发了王阳明的心学，王阳明的弟子以太极解心，认为太极即良知，良知即太极，实际上，也是心即理之说。

太极这一概念，至虚至极，博涉旁通，无所不贯，在《周易》中，它是生成万象的根源，它的作用即是将具体之物引向普遍之理，就流寻源，穷究根底，将形象导入抽象，将世界化繁为简，遇事物晓一知十，以至通于一而万事毕，秘通诸理，简洁神妙。

一个民族，只有务实的学问，不会务虚，脑筋是不好使的民族，事实上，只有务虚务得好，务实才能务得好。泥于质实，终将短视愚蠢，没有长进。

河图与洛书就是历法

河图、洛书是中国上古时期孪生的两大文化之秘。

它究竟是什么？内容是什么？有怎样的价值与意义？它与《周易》究竟是怎样的关系？至今没有服人的结论。

先秦时期，最早的文献记载在《尚书·顾命》中：

越玉五重：陈宝、赤刀、大训、弘璧、琬琰，在西序；大玉、夷玉、天球、河图，在东序。

这是在周成王薨后，周康王继位的大典礼上陈列的礼品。河图即其一。所以，汉代以来的学者以为就是一种有特殊纹理的玉。至于特殊纹理的意义，没有传下来，也不知道与《周易》是否有关系。

《墨子·非攻》中有：

赤鸟衔珪，降周之岐社，曰："天命周文王伐殷有国。"泰颠来宾，河出绿图，地出乘黄。

赤鸟，就是凤鸟，绿即箓，一种古代的文书。意思是红色的凤鸟衔着一块玉降落在了周人祭祀社神的庙上，上面带有文字说明，是上天命令周文王讨伐殷商而享有天下的，引得殷朝的贤臣泰颠都跑来了，祥瑞的绿图，乘黄马都出来了。这些都是只有圣人出现才与之并出的非常祥瑞的东西。

《论语·子罕》中孔子慨叹的话中也有河图，子曰：

凤鸟不至，河不出图，吾已矣夫！

意思是说，黄河里不出现图，凤鸟也没有来，我的事业无望了！这里，河图也是一种祥瑞。但与《周易》是否有关系，也无从知晓。

战国时期的《易传》中的话倒是把河图、洛书与《周易》联系了起来。其中说：

河出图，洛出书，圣人则之。

这句话是说，《周易》就是圣人根据河出的龙图、洛出的龟书制作出来的。究竟圣人怎样根据图、书创造了《周易》，留下的也只是个谜。

与《易传》差不多同时的《竹书纪年》上说："黄帝五十年，大雾三日三夜，龙图出河。"《帝王世纪》中说："河出龙图，洛出龟书。"据说，河图是黄河的龙马背上的图案，洛书是洛水所出的乌龟背上显示的图案。这里，河图、洛书也只是一种罕见的只有圣人当世时才一同出现的祥瑞。可惜人们无从知道先秦时期的河图、洛书究竟怎样一副尊容。

汉代亦真有河图、洛书，但不是图，而是两本书。这两本单行的书，人们往往把它们与谶纬的书作为一类，其实它们并不一类。东汉光武帝刘秀喜欢谶纬，编纂谶纬图书八十一篇，《河图》

《洛书》类四十五篇。其他七部儒经共三十六篇。可见，汉人十分重视《河图》《洛书》。它们又有各自的纬书即《河图纬》与《洛书纬》。据《春秋纬》上说，《河图纬》九篇，《洛书纬》六篇。唐初人编的《隋书·经籍志》中还能看到这些东西。其中有评论说：

《易》曰："河出图，洛出书。"然则圣人之受命也，必因积德累业，丰功厚利，诚著天地，泽被生人，万物之所以归往，神明之所福飨，则有天命之应。

这里，《河图》《洛书》就是传达天命的东西，只有有大功大德的圣人才能得到。基本延续先秦时期罕见的祥瑞的看法。这里，也没有显示它们与《周易》有怎样的关系。

也有人根据汉代文献所传的《河图》《洛书》的蛛丝马迹，认为《河图》就是黄河的地图，内容也与天文相关。系风捕影。

把《河图》《洛书》说成是《周易》的来历的，有孔安国与刘歆。《汉书·五行志》上有："刘歆以为伏羲氏继天而王，受《河图》，则而画之，八卦是也。"《中侯握河记》："伏羲氏有天下，龙马负图出于河，遂法之画八卦。"《图说》："孔安国曰：'《河图》者，伏羲氏王天下，龙马出河，遂则其文以画八卦。'"他们认为，八卦就是根据《河图》画出来的，但也没有说明究竟怎样根据《河图》画出了八卦。

孔安国、刘歆都不是专门研究易学的，而汉代研究易学的大易学家都没提《周易》与《河图》《洛书》的关系。魏晋隋唐的学者也没有人说明这些问题。

总之以上，《河图》《洛书》给人的印象非同一般，非一般人能见，但就是不知道它究竟是什么。

宋代的易学开始于一个有名的道士，叫陈抟，老子的同乡，今河南鹿邑人。是他开创宋代易学的图、书之学，影响一直延续到清代。陈抟有《龙图易》，即讲龙图三变成为龙马负图之形，变出两个图式，即五行生成图与九宫图，都称为“龙图”。据说刘牧从他那儿得之，作《易数钩隐图》，对陈抟的两图式分别命名，五行生成图为洛书，九宫图为河图，以黑白点图式绘出，创立了河洛图书之学。

以前，传说是伏羲等圣人根据河图、洛书创制了八卦，但究竟是怎么创制的，谁也说不出来个所以然来。刘牧就是要用河洛图数解释《周易》卦象的来历，要代圣人立言。

宋人相信数是自然的东西，能用数表示的，就最彻底的正确。《汉书·律历志》上说：“自伏羲画八卦，由数起。”而数都包括在河洛图数之中。刘牧就从数中寻找八卦的生成过程，他认为八卦就是由五行生成之数而来，在其书中，他说“天一生坎，地二生离，天三处震，地四居兑”，但孤阳不生孤阴不长，所以，再各配以五行成数就生出了乾、巽、艮、坤，共成八卦。

东南	南	西南
4 巽	9 离	2 坤
东 3 震	5 中	7 兑 西
8 艮	1 坎	6 乾
东北	北	西北

洛书有什么用呢？刘牧认为，虽然河洛图数都是天地自然之数，但河图之数四十五，中央土十之数未显，表示其有象无形，洛书之数五十五，中五有土十之数，表示其已经形成。河图示其象，洛书成其形。形成形成，有象不成，有形则成。从河图到洛书，显示了万物由有象到有形即由微至著的过程。

刘牧的图一出，阮逸就出来反对。但他没有直接唱对台戏，而是炮制出个北魏时期的《关朗易传》，权威地否定了刘牧的河洛图数，认为五行生成图是河图，九宫图是洛书。南宋的蔡元定与朱熹就根据这个《关朗易传》批评刘牧把《河图》《洛书》弄颠倒了，要把两图的名字调换过来。他们调换过来名字的《河图》《洛书》，经朱熹的《周易本义》流行天下，这就是下面我们所看到的黑白点的河图、洛书图式。如下图。

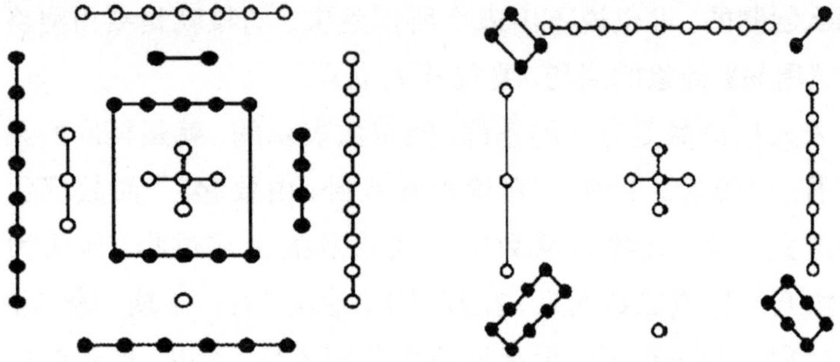

河图　　　　洛书

之后，许多人反对河洛图数，认为它们是数字游戏，纯属无稽之谈。至今《河图》《洛书》在汉地仍然一盆糨糊。

然而，“礼之失，求诸野”，《河图》《洛书》究竟是什么，与我们文化同根的彝族文化中却保存着难得的理解我们文化的参照。在彝族的文化中，《河图》与《洛书》都是简洁易识的历法图式。

对此，刘明武先生通过彝族的一部著作《土鲁窦吉》做了充分的考证。土、鲁就是图、洛，声音接近。“洛书”在彝族文化中叫“鲁素”，或叫“龙书”，听起来就是洛书。它所代表的就是十月历的图式。十月历，在汉地的上古时期曾经用过，但一年十二个月的阴阳合历即现在的农历出现以后，早就弃之不用了。

十月历怎么回事呢？就是一年五季、十个月、二十节气，过一大一小两个年。

五季用五行表示，木行一季七十二天，火行一季七十二天，依次土、金、水，各季皆七十二天，一共三百六十天。

每季两个月，一年十个月，每月三十六天。用十天干甲乙丙丁戊己庚辛壬癸表述。月分雌雄（公母），一季分雌雄两个月：一月土公，二月土母；三月铜公，四月铜母；五月水公，六月水母；七月木公，八月木母；九月火公，十月火母。以阴阳论之，则是奇数月为阳，偶数月为阴。

一个月两节气，十八天一个节气，一年二十个节气。

一年十月、五季、二十节气、三百六十天，再加上过年的节日五到六天为完整一年。在冬至、夏至两个节气过大小两个年。平年有五天过年日，大年三日，小年二日。闰年有六天过年日，大、小年均三日。过年日不计算在月内，单独计算为阴阳生生不息、周而复始的交替日。

纪日是按十二属相，它的顺序与汉地以鼠开头不同，而是以虎、兔、龙、蛇、马、羊、猴、鸡、犬、猪、鼠、牛为序来纪日。十二日转三圈，就是一月。十二日转三十圈，就是一年。

下图就是“鲁素”，与汉地的《洛书》完全一样。

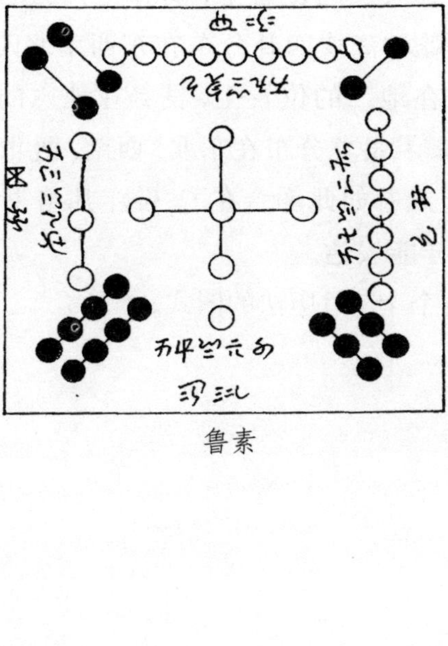

鲁素

《土鲁窦吉·论十二支》这样描述：

“天一与天九，合二生成十，居南方北方。天三与天七，合二生成十，居东方西方。地二与地八，合二生成十，居东北西南。地四与地六，合二生成十，居西北东南。”

《洛书》中的天地之数呈对数“合十”之状，用来表示空间八方——东、西、南、北与东南、西北、东北、西南，也可以表示时间的年月日，表示一年中的三百六十五又四分之一天。具体的表述如下：

以阳数九标示夏季七十二天，以阳数一标示冬季七十二天，以阳数三标示春季七十二天，以阳数七标示秋季七十二天。这里四个七十二天，分布在洛书的四方。以阴数八标示冬春之间的十八天，以阴数二标示夏秋之间的十八天，以阴数六标示秋冬之间的十八天，以阴数四标示春夏之间的十八天。这里四个十八天，分布在洛书的四隅。四个阳数四个阴数表达了一年五季，表达了三百六十天。阳数五，为中央中枢之数，对应的是夏季。

十月太阳历，在洛书之中与天地之数亦即奇偶之数融合在了一起。在《土鲁窦吉》中，洛书与先天八卦是相配的：乾卦在天九的位置上，坤卦在天一的位置上，离卦在天三的位置上，坎卦在天七的位置上；乾坤离坎四卦分布在东西南北四方。震卦在地八的位置上，巽卦在地二的位置上，艮卦在地六的位置上，兑卦在地四的位置上；震巽艮兑分布在东北、西南、西北、东南四隅。

洛书与先天八卦如此融合在了一起，凡洛书所表达的所有内容，先天八卦一样能表达。

河图则是一个十二月历法的图式。

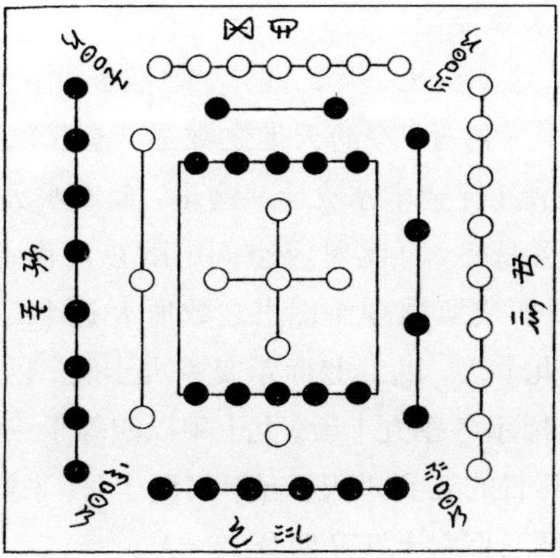

付托

刘明武先生介绍，“河图”彝族人叫“付托”，意思是阴阳相配。

十二月太阳历是我们较熟悉的，其结构是：

一年四季，一季九十天；四季亦用金木水火土五行来表示，多出了一个长夏对应五行之土。

一季三个月，一年四季十二个月，月序用地支子丑寅卯辰巳午未申酉戌亥来表示。月有大小，大月三十天，小月二十九天。一个月有两个节气，十五天左右一个节气，一年十二个月有二十四个节气。月份分大小，是朔望月的特征。月亮的因素进入了十二月历。

一年的时间长度仍然是三百六十五又四分之一天，实行五年有两个闰月，这和《周易·系辞上》中“大衍之数”所讲的“五岁再闰”是一致的。五年有两个闰月即“五岁再闰”是太阳历与太阴历合二为一的特征。

这个十二月历就显示在“付托”之中。据《土鲁窦吉·论十二支》中说：“天一地六水，地二天七火，天三地八木，地四天九金，天五地十土，立天地根本。五十五数中，天有二十五，用来象征天，地数有三十，用来象征地。”

天一地六，地二天七，天三地八，地四天九，天五地十，天数论阳，地数论阴，“付托”中的天地之数成“差五”之状，其中的五组天地之数标示五行金木水火土。这里，金木水火土五行可以标示时间上的春夏秋冬，可以对应空间中的东西南北中。以五行为桥梁，就可以顺理成章地理解图书之数所表达十二月历了。如：以三八标示春季九十天，以二七标示夏季九十天，以四九标示秋季九十天，以一六标示冬季九十天。九十乘以四等于三百六十（天），再加上两个过年日的五到六天。五年闰两个月，平均下来，一年的时间长度仍然是三百六十五又四分之一天。

再者，《河图》与后天八卦也是相配合的，《土鲁窦吉》说：“震、兑、离、坎四卦分布于东西南北四方；坤卦位于西南，乾卦位于西北，巽卦位于东南，艮卦位于东北。”

震卦合于三八之数，兑卦合于四九之数，离卦合于二七之数，坎卦合于一六之数。乾坤巽艮四卦分布在四方之数相交的位置上。《河图》与后天八卦如此融合在了一起，凡《河图》能表达的内容，后天八卦一样能表达。

这里，在《河图》《洛书》与先后天八卦的相配上，彝族的与汉地的正好相反，一般来说，在汉地，是先天八卦配《河图》、后天八卦配《洛书》的。这就是文化的差异。

汉地被弄得神神秘秘、稀里糊涂、不知为何物的《河图》《洛书》，在彝族文化里本来是清清楚楚、明明白白的。

最后用天文学者陈久金先生的话可以作结了：“所谓伏羲受河图，禹受河图或洛书，是说天授他们治理国家的大法，其中自然包括象征王权的历法。”

在那个洪荒远古、文化初创的时期，图式是最简洁、最明了的文化载体。无怪乎顾炎武说：“上古三代，人人皆知天文。”

天地一时敞亮了起来

以前念书念到一句古人评价孔子的话：“世上无孔子，万古长如夜！”觉得很好笑。觉得世上没有孔子，太阳照样天天升起；太阳落了，还有月亮，总是有光明的！

时间长了，终于明白，人，真正需要的不只是太阳光，更需要心光——精神之光！人虽然与动物生活在同一个世界中，但这同一个世界，对不同的物种竟然呈现不同的景致！实际上，人看到的世界不只是与动物看到的不同，对于不同的人，这个世界也呈现出不同的面貌。

比如我们现在所看到的世界，以时间为纵坐标、以空间为横坐标来确定世界。时间从过去来，向未来去，线性前行，不能倒转；空间是三维，有长、宽、高，宇宙和自然以物质的形态展现在人的面前，不存在非物质超自然的世界，现代人就一个这样的世界，没有别的世界了。

但在那个渺渺洪荒的上古时代，原始的先人们眼中的世界与我们眼中的一样吗？不一样。

在他们眼中，没有时间概念，一切都是循环往复、相互转化的，现在、过去、未来基本是搅在一块儿的，现在是过去的重复，未来是现在的再现。梦境与现实不分，死去与活着相连。天冷时候，大地死亡，转暖的时候，大地再生。日落是太阳死了，日出是太阳重新活了。先民有三个世界，天上有神灵，地下有幽都，他们生活在中间。活得好，上天；活不好，去幽都，变鬼怪。神鬼常来人间，畜生，甚至植物，也可变成人形，混迹人中。

所以，先民的世界，是一个没时间、没空间、没秩序、永远如此、浑圆无边的混沌世界。在这样的世界里，以现在的秩序化的理性的眼光看，岂不是黑夜茫茫、没有光明？

然而有一天，圣人出现，伏羲氏“一画开天”，混沌凿破，别开阴阳，阴阳又演为八物，由此衍生出万物，自然万物各从其类，混沌的世界瞬间变得秩序井然！

从此世界不再混沌，它在人们的面前，一下子敞亮了起来！

实际上，不是世界自己敞亮起来了，而是圣人清明朗彻的心，像太阳一样照亮了世界！中国人自此有了自己的精神之家——一个用八卦符号编织的独特的意义世界。

德国哲学家海德格尔说：语言是存在之家。这句话只适合西方人。中国人首先就建筑一个由八卦组成的符号大厦，宅心于此，后来，又用汉语做了一堵厚厚的围墙，就形成了东方独特的精神院落。这就是伏羲氏创始八卦开天辟地的意义——八卦撑开了整个世界！

那么，八卦是怎么撑开整个世界的呢？

按宋人的理解，八卦有先天八卦与后天八卦之说。据他们说，先天八卦，是伏羲氏所画；后天八卦是周文王的改造。它们都保存在通行本《周易》的《说卦传》中。

这里先说说伏羲氏的先天八卦。

首先，从横的方面来看，八卦象征了自然万类的物的系统，是自然万物的“纲”——纲举可以目张！

人类文化的发展，一般是先经由图画时代，然后才进入文字时代。八卦的发展过程也反映这个一般的模式。在没有文字的时代，八卦是一套由阴阳两画构成的八个符号。在有了文字的时代，人们又先将之用于象征整体的自然的系统，如天、地、雷、风、水、火、山、泽，或象征人的系统，如父、母、长子、次子、三子、长女、次女、三女，还有物的系统，如龙、马、牛、鸡、木、弓轮、甲胄等。

随着认识的深入，人们不再局限于具体事物的表面，于是八卦又被进一步命名为乾、坎、艮、震、坤、离、巽、兑，《说卦传》中即有“乾，健也。坤，顺也。震，动也。巽，入也。坎，陷也。离，丽也。艮，止也。兑，说也”卦德的分述。所以，八卦卦名的变换反映了它从具体到抽象、从外向内的认识并掌握事物的进程。

其二，从纵的方面上说，先天八卦用八卦的生成过程打开了宇宙及自然万物的生成过程。

在八卦的符号体系中，八卦的八个符号并不是孤立的毫不相关的八种事物或八个符号，相反却是有机和谐的一个整体。

先天八卦在《说卦传》中是：

“天地定位，山泽通气，雷风相薄，水火不相射，八卦相错。数往者顺，知来者逆，是故，《易》逆数也。”

宋代易学家邵雍所定的八卦数为乾一、兑二、离三、震四、巽五、坎六、艮七、坤八。这个八卦数来自于先天小横图（如下横图）。

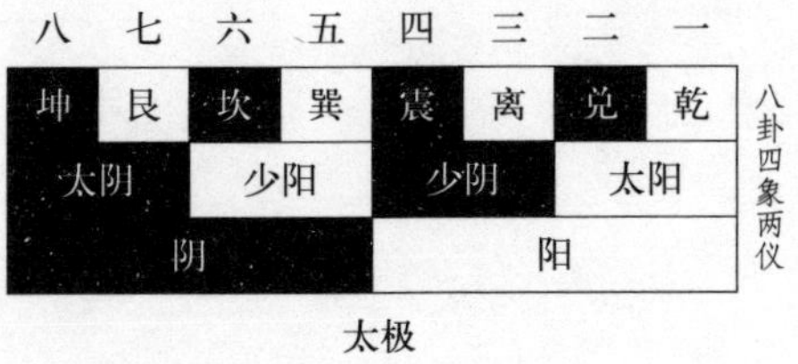

先天八卦小横图

先天八卦小圆图

该图圆融有序地描述了天地万物生成过程，从中我们可以看出，在第一爻位上只有阴阳二气，处于两仪状态，宇宙还是无形无状的气态。在第二阶段的四象阶段 ⚌ ⚎ ⚏ ⚍ ，四象都仅有阴阳两个元素，四个图都是由阴阳二气形成，还不能显示出其各自的特征来，亦只能是抽象的存在。而在第三阶段的八卦阶段上，由阴阳两性组合构成的物质具有了物的性质，即它们已经是具体之物。因此，从古人运数思维的角度说，八卦的三爻构成，其表征并不单指天、地、人三才的自然秩序，而且还描述了宇宙及万物的生成过程。八卦之物既是阴阳二气生物、成物之终，又是自然万类的生物之始。所以《周易·系辞传》中说：“《易》有太极，是生两仪，两仪生四象，四象生八卦，八卦定吉凶，吉凶生大业。”

“圣人为天地立心”，伏羲氏替天立极，“一画开天”，用它撑开了整个世界，它的意义就在于华夏人文有了明确的开端，是伏羲凿开混沌，戡破洪荒，用八卦撑开了整个世界，使茫茫的天地自然，在其简洁的初始智慧中澄明，自然万物不再昏暗，物从其类，在八卦中变得井然有序。

从此，这种对天地自然秩序独特的建构，就成了中华民族意义创造的开始。中华民族一切的意义创造亦都是从这里化出。因此，伏羲是当之无愧的中华人文初祖。

比较看来，世界诸族的文化起源还没有哪一家有中国文化起源得这么清明朗彻，这么符合理性。

东奔西跑的思想

文明几千年，人类产生了无数的好想法，叫思想。

那么，什么是人类的第一思想呢？

当然，这个第一思想，不是指人类思想中最优秀的思想，而是指人类产生的第一个思想！

许多人会迷惑或哂笑：这样的问题比胡思乱想更胡思乱想，哪里会有这样的东西？即使有，哪一个人能记得？有什么办法把它找出来？绝对的人类第一思想，不敢说有，但让你觉得合理的人类第一思想还是可以有的。

那么，就找找看。

根据思想来源于现实的原则，第一思想应该来源于人类的第一现实。

人类的第一现实即人类最早的生活是什么？

根据现代文明对原始社会的了解，人类所知道的自己的最早的生产生活方式，是狩猎与采集！——孔武有力的男人去打猎，柔弱细致的女人去采集！男耕女织，那是后来进步了的农业社会的生活方式。狩猎、采集的上古人，最关心的问题是什么？不是天气阴晴，不是地理沟壑，而是哪里有果可采，哪里有猎可狩，哪里能猎到能吃的东西！所以，他们生活的本性就是“东奔西跑”！

不同于现在纵横交错，平展宽阔的柏油马路，在那个蛮荒的远古时代，到处都是大大小小、纵横交错的河流，是连绵起伏的群山，是树木丛生的林野，是泥沼水草交汇的大泽，还有出没于其中的凶猛的飞禽走兽——一个充满未知的恐怖的丛林！

鲁迅说，这世上本没有路，走的人多了，也便成了路。那确实是一个无路可走的时代。在荒野无路的丛林时代，那些东奔西跑的先民如何去远方寻找果子、野兽？收获归来，如何找到家？都是最大的问题。特别是遇到远征、迁徙，“路”是大前提，这也许就是中国人为什么把最高的价值观称为“道”（即“路”）的原因。

所以，采集、渔猎的生活方式，使先民居无定所，逐物而迁。变动不定的生产生活方式使他们对确定的空间方位产生了迫切的需要。所以，空间方位意识是人类最先产生的思想观念。因而推断，人类的第一思想就是“方位”意识。

人的“躯体”成为人类确定空间方位的第一自然坐标，由此，人类便产生了建立在以人的身体为中心坐标之上的前后、上下、左右等方位意识，这就是古人所说的“六合”。

这样，人们在与自然万物打交道的过程中，得到的肉体与文化的经验，构成了一个基础，在这个基础上，其他概念如幸福、健康、生命、社会地位，甚至“理性”都可以得到合理的整理、组织与归类。如：幸福就是上升，倒霉就是下坡；心情好了叫情绪高涨，心情不好，叫情绪低落；前面的就是先进的，后面的就是落后的。

就这样，从身体而来的空间方位意识，就成了人类最早的组织意义的系统的元逻辑结构。个体的空间方位意识是如此，而一个生活在一起的独立的族类作为一个社会的躯体，也会形成其自身的空间方位意识，如东、西、南、北等。“路”，正是由这些东西确定的。

“八卦”可以被认为是中华民族的第一思想——方位思想。

对于上古的历史，有人不把传说时期的历史当历史，他们说传说荒诞不经，没有根据，所以不可信，非要从地底下挖出点儿证据来，他们才承认！——如果是这样，那古人永远闭嘴了！因为那时的人们还没有发明出文字来。

这些年考古学突飞猛进，虽然也从地底下挖出了许多东西，但遗憾的是挖出来的东西没有多少有文字的，古人还是不能开口！好在至少商朝的人证明了自己，因为他们有自己的甲骨文。

实际上，在没有文字的时代，传说就是历史。传说伏羲的那个时代，就是中国历史上的狩猎、采集的时代。后来的史书上记载了那时的传说：

庖牺氏之世，天下多兽，故教民以猎。（《尸子》卷下）

伏羲作罔罟以田渔，取牺牲，故天下号曰庖牺氏。（《汉书·律历志》）

这即说明捕鱼、狩猎是当时主要的生产方式。

古者，民茹草饮水，采树木之实，食蠃蛖之肉，时多疾病毒伤之害。于是神农乃始教民播种五谷。（《淮南子·修务训》）

这亦表明在神农之前，采集、渔猎一直是中国先民基本的生产生活方式。

对于一般的原始生活生产方式是如何发展的，吕思勉说：“人类之初，仅能取天然之物以自养而已。稍进，乃能从事于农牧。农牧之世，资生之物，咸出于地，而其丰歉，则悬系于天。故天文之智识，此时大形进步；而天象之崇拜，亦随之而盛焉。”

因此，史书传说所载的远古先民的生产方式的变革正与人类原始生活生产方式的一般进步秩序相一致。这就充分证明了史载传说的可信。

伏羲的时代，是狩猎、采集的时代。画八卦，是类万物之情的！——要使万物变得井然有序。方位意识，本身就是一大秩序。所以，史书上记载的传说说：

> **伏羲和八风以画八卦，分六位而正六宗，于时未有书契，规天为图，矩地取法，视五星之文，分晷景之度，使鬼神以致群祠，审地势以定川岳。**（《绎史》卷三引《拾遗记》）

八风即八方之风。《吕氏春秋》：“何谓八风？东北曰炎风，东方曰滔风，东南曰熏风，南方曰巨风，西南曰凄风，西方曰飂风，西北曰厉风，北方曰寒风。”

六宗即天、地、春、夏、秋、冬。

这种和八风、分六宗、定地势正是先民在天地自然中给自己定位以图秩序化生存的意义创造。所以伏羲创八卦为天、地、雷、风、水、火、山、泽，既以八方之物标示出了八方的方位，也以八卦别开了天地万类。中国先民以八卦进行的方位规定，开启了中国思想表达意义的元隐喻系统。

所以吕思勉说：“伏羲所画八卦，初盖以为分主八方之神，其在中央者，则下行九宫之太乙也。”

美籍华人哲学家唐力权也说，八卦即是先民对于八方方位的规定，他说：“我们以为‘八卦’的原义并不是八种符号或自然现象或人伦关系。‘八卦’或‘八象’并不是八种现象，而是‘八方’的现象。……换句话说，‘四象生八卦’这句话基本上乃是古人对方位经验的描述。”

《周易·说卦传》上有一段话：“天地定位，山泽通气，雷风相薄，水火不相射，八卦相错。数往者顺，知来者逆，是故，《易》逆数也。”宋代的大易学家邵雍按照这句话，画出了一个先天易图，据说这个图来自华山道士陈抟，是仙家的秘传。

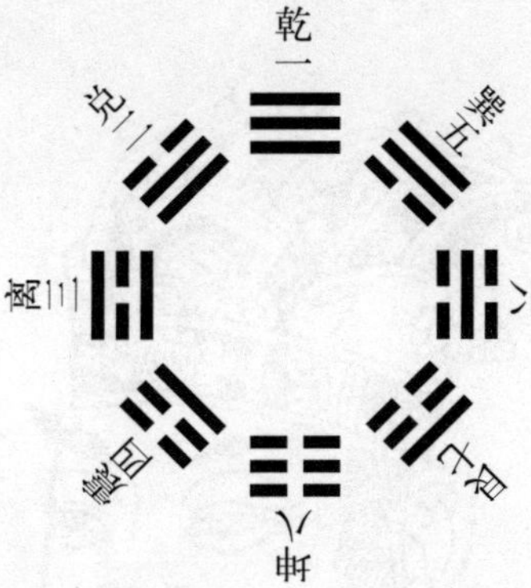

这是一个立体的图，即是上天下地，左火右水，也是南天北地，东火西水，构成的浑圆的充满万象的三维空间。这个图的神妙之处，还不只此，它还是形成《周易》六十四卦秩序的大的框架。

周文王像（据明刻本《历代古人像赞》）

植物的思想

世界上历史感浓厚的民族不多。华夏民族是其中之一。中国人最尊重自己的祖先，现代称祖先崇拜，所以，最重视自己的来历，这种历史意识，是一代代传下来的传统，是历史的累积，它是一种精神的传承。典籍所载的历史，基本是符合历史实际的，有其基本的确定性。口传的历史也基本上反映了中国历史上的具有世界普遍性的几个大时代：狩猎采集时代、农业时代、母系时代、父系时代等。

传说中，伏羲是狩猎时代的圣人，传说的史实是这样的；狩猎时代之后，便是原始农业的时代，是神农的时代。与世界原始社会时期的历史一致！事实上，神农正是中国的农业神！关于他的传说中也充满了他创立原始农业的事迹。

> **神农生，三辰而能言，五日而能行，七朝而齿具，三岁而知稼穑般戏之事。**（《春秋·元命苞》）
>
> **神农之时，天雨粟，神农遂耕而种之。作陶冶斧斤，为耒耜锄耨，以垦草莽，然后五谷兴助，百果藏实。**（《绎史·周书》）

庖牺氏没，神农氏作，斫木为耜，揉木为耒，耒耨之利，以教天下，盖取诸益。（《周易·系辞传》）

这里记载的都是神农始创农业、发明农具的事。

古之人民，皆食禽兽肉，至于神农，人民众多，禽兽不足。于是神农因天之时，分地之利，制耒耜教民农作，神而化之，使民宜之，故谓之神农也。（《白虎通义》卷一）

古者，民茹草饮水，采树木之实，食蠃蛖之肉，时多疾病毒伤之害。于是神农乃始教民播种五谷，相土地宜，燥湿肥垚高下，尝百草之滋味，水泉之甘苦，令民知所避就，当此之时，一日而遇七十毒。（《淮南子·修务训》）

这里，清楚地记载了神农之时是中国远古社会由狩猎采集生活，向种植型农业生活的过渡。

生活方式变了，人们的思想也变了。农业生活，人们打交道的核心就是庄稼——植物，自然，人们的所思所想，也围绕着植物。

以前，在生产力的概念中，人们把自然当成客体，把自己当成主体，说主体具有能动性，所以，多突出人对自然的改变与决定。实际上，人们没有认识到，当人改变这个世界的时候，这个世界也在潜移默化地改变着人！所以，人与大自然是平等的，人不能膨胀得自以为是，无所不能，觉得自己比自然高明。

当中国人的命运与植物连在一起的时候，植物也进入了中国人的精神之中。“后天八卦”，就是植物的哲学图式。

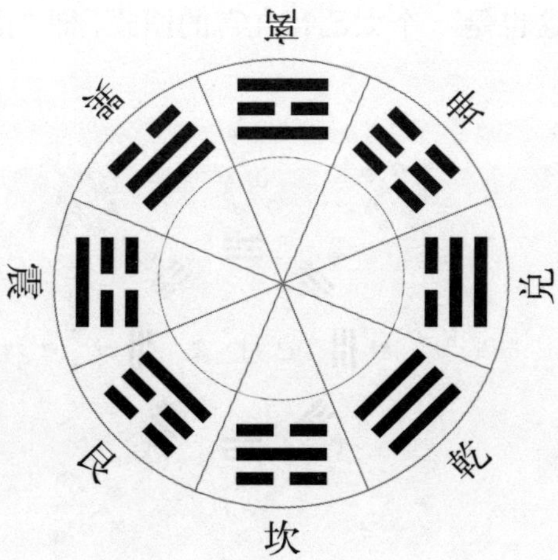

据《路史》载："炎帝神农氏令司怪主卜，巫咸、巫阳主筮，于是通其变以成天地之文，极其数以定天地之象，八八成卦，以酬酢而佑神，以通天下之志，以断天下之业。谓始万物，终万物者，莫盛乎艮。艮，东北之卦也，故重艮以为始，所谓《连山易》也。"

这个图式的原文在《周易·说卦传》中的说明先天图式的文字之后：

帝出乎震，齐乎巽，相见乎离，致役乎坤，说言乎兑，战乎乾，劳乎坎，成言乎艮。

万物出乎震，震，东方也。"齐乎巽"，巽，东南也。齐也者，言万物之絜齐也。离也者，明也。万物皆相见，南方之卦也。圣人南面而听天下，向明而治，盖取诸此也。坤也者，地也。万物皆致养焉，故曰："致役乎坤。"兑，正秋也，万物之所说也，故曰："说言乎兑。""战乎乾"，乾，西北之卦也。言阴阳相薄也。坎者，水也，正北方之卦也。劳卦也，万物之所归也，故曰："劳乎坎。"艮，东北之卦也，万物之所成终，而所成始也，故曰："成言乎艮。"

实际上，这也是一个太乙行九宫的图式，即“洛书”。

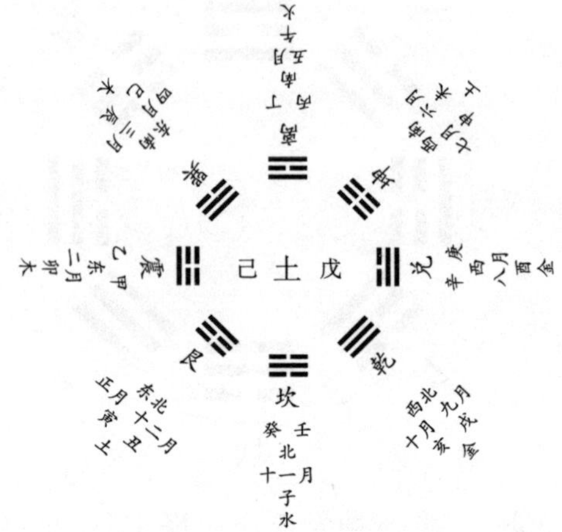

它是描述一年四季植物生长历程的图式。

植物从春开始出生，到巽位春夏之交，长得毓秀整齐；到夏季都得相见，得益于阳气之盛；到夏秋之交，地气涵养使庄稼长得饱满；至秋天，庄稼成熟，令人高兴；至秋入冬，乾之纯阳面临强阴所逼迫，物成而坚刚，争自此起；至冬天，万物如水流不息；最后至艮，即“根”位，万物止息，以待来春再生。

因此，这是上古时期一个指导农业生产、“授农以时”的简单的历法图式。用植物一年的荣枯来记录四季的循环，教农人按时安排庄稼，掌握好时令。

它与神农有什么关系呢？它就是“神农易”或者叫“连山易”。

连山易，并不是有人解释的山山相连，才称连山易，连山易当为“烈山易”。“连”与“烈”，一声之转，就是一个音，而口传的历史说“烈山氏”，烈山，反映了中国早期农业起源于山地，是“山地农业”的状况，“烈山”即放火烧山以垦田种植，所以神农氏又称“烈山氏”。

这种从植物生命周期性的盛衰而来的圜道观念，后来与北极天象年岁运转规律结合起来，而使之体现于天体的运行之中，于是便生成了上古时期法天度而理民情的以人应天的自然主义的政治制度。据《尚书·尧典》载，舜经过了尧多次的严峻考验后，接受了尧的禅让，于是开始履行其理政的职责。

结合《连山易》理与舜继尧位后的一系列政治活动，我们可以发现，舜的政治制度就是从《连山易》的易理来的：

首先，舜继尧位，以行政令，祭祀上帝、六宗、山川诸神祇。召集四岳百官诸侯，按位分封。这里，自然的六宗（即总指天地、四时）、山川，人间的行政区划（即指以四岳统百官），都在根据北斗七星运行规律而创制的人间七政上统摄在了一起。这个基本图式统贯了天、地、人三才。

其次，观察舜由东向南向西再向北分别在二、五、八、十一月份做四方的巡视，我们就会发现，舜的巡视顺序与《说卦传》“帝出乎震”一节以震、离、兑、坎四正卦指代的东、南、西、北的方位次序正相一致。其中巡行各方的月份亦与《说卦传》“帝出乎震”四正卦所代月份即震二月、离五月、兑八月、坎十一月完全相合。而这种巡视正与农业生产中植物的生、旺、衰、绝四时之序亦保持了高度的一致，帝王以时考察诸方农业生产，督促天官准授农时，一切的政治措施又都踏上了植物生命的生长节奏，农业生产的核心对象——植物的生命形式铸成了中国上古时期这种自然巡行的政治运作模式。

最后，《尧典》中的人间之“帝”、神性的“上帝”与《连山》中的神性之“帝”是统一的，这种“帝”的亦人亦神性，可能反映了上古时期政教合一的统治制度。

这个图式，将五行、八卦、数字、方位等结合起来，成了后来许多无穷变换的解释命理的模具，与历朝历代的文化、制度血肉相连。

土地的母性

按传说的历史，伏羲创八卦，神农演之为《连山易》，神农之后，就是黄帝。黄帝被中华民族奉为始祖、人文初祖。司马迁的《史记》就是从黄帝写起的，中华民族自黄帝起，就是万世一系的华夏正宗。

黄帝对易学也有发明。据史载，殷人所用的易系也是黄帝创造的，叫《归藏易》。《周礼》上说："太卜……掌三易之法：一曰《连山》，二曰《归藏》，三曰《周易》。"汉郑玄《易赞》及《易论》又说："夏曰《连山》，殷曰《归藏》，周曰《周易》。"

《连山易》以"艮"为第一卦，《归藏易》以"坤"为第一卦，《周易》以"乾"为第一卦。"三易"都用第一卦来标明自己特别的意义。

《归藏易》怎么是黄帝易呢？这得从黄帝与"土"的关系说起。史载：

> **黄帝之时，天见大螾大蝼，黄帝曰："土气胜。"故其色尚黄，其事则土。**（《吕氏春秋·有始览》）
>
> **黄帝将兴，有黄雀赤头，立日旁，帝占曰："黄者土精，**

赤者火荣，雀者赏萌，余当立大功乎！”（《春秋考异邮》）

较少神话色彩的正史则这样说：

> **有土德之瑞，故号黄帝。**（《史记·五帝本纪》）
>
> **帝以土德王，应地裂而陟葬，群臣有左彻者，感思帝德，取衣冠几杖而庙飨之，诸侯大夫，岁时朝焉。**（《竹书纪年》）

总之，黄帝与“土”缘分渊深，所以，他把治世的思想都发挥到“土”上，改造了易学，以代表土地的“坤”做八卦之首。

黄帝败炎帝，战蚩尤，命大桡作甲子，容成造历法，伶伦造律吕，隶首作算数，令羲和占日，常仪占月，鬼臾区占星，并作《归藏易》，所以又称黄帝为“归藏氏”。“归藏”是土生百物纳百物的德性，即以土德为己德，故称“归藏氏”，老子所谓“人法地”之谓也。

前面的记载，可以说反映了中国社会的农业生活在黄帝时代发生了重要的转型——即由神农时的“山地农业”，向平野的“土地农业”转变；人们由居住在山上的岩穴，而搬到平野。

所以，《论语谶》上说：“轩知地利，九牧倡教。”这是说轩辕氏黄帝深切地熟悉土地的好处，并以之教导天下。而《新语·道基》上说：“天下人民，野居穴处，未有室屋，则与鸟兽同域，于是黄帝乃伐木构材，筑作宫室，上栋下宇，以避风雨。”高低不平、坑坑洼洼的山地是难以建造庞大的宫室的，只有平陆定居才能便利地完成这样的工程。因此，建造宫室活动的本身就反映了黄帝时代中国先民平陆生活的开始。

陆居生活使人们发现了土地的重要价值，它比山居之地更肥沃，面积更广阔，且种植更便利。庄稼的旺盛，收成的大大增加使人们发现了土地母力的强大。在漫长的农耕生活中，万物皆从土生出最后又回归于土的直观生活感受，使人们牢固地认识到土地包藏万物的属性，这正是因重土而以坤立道的《归藏易》产生的原生态的生产生活情境。

土地，即是万物之所出的地方，是滋养万物的地方，又是万物之所回归的地方，而土地之下除了土壤和水又别无他物，这就使先民对土能生物、土如何生物的奥秘产生了神秘的意识，于是亦使他们产生了万物皆源于“无”的原始意识，即“无中生有”的意识。那么土地即是那“无”的母体。在冬天，那平静的土地表面上一无所有，然而，正是在那平静的表面之下却孕育着无限的生机。此种的土地之德，正与老子之“道”的“有”“无”一脉相承。

老子之道的生命性正是道家之道的内在本质，道即是生生之源，万物所出之处，道又是万化的所归之所，所以，老子又说：“致虚极，守静笃，万物并作，吾以观复，夫物芸芸，各复归根，归根曰静，静曰复命，复命曰常，知常曰明。”因此，道之途既是生之门，亦是死之门。在四季中，实际上，只有冬天才是万物之所出所入者，它连接着生死：天寒地冻的冬季向前包蕴着无限的春的生机，向后又连接着萧瑟的冽秋；它收藏着旧的生命，又散播着新的生机。这亦正是道家之道的本体意义。

发明学的原理

1999年美国《生活》杂志评出千年来对人类贡献最大的一百位人物，爱迪生名列第一。他一生有一千多项发明，其中对人类影响非常大的发明和贡献有留声机、复印机、电影、摄影机、钨丝白炽灯、同步发报技术等。

美国总统胡佛说："爱迪生是美国最负盛名的人，是美国的国宝，也是人类的恩人。"

世界上会有研究发明史的书，却没有教人怎样搞发明的书，至少到现在世界上还没有谁写出一本"发明学"的书，或者创设一门"发明学"的学科。

因为任何创造，都是艺术，艺术是创造性的活动；而且即使古人有创造发明的原理留下，愚蠢的人也未必识货，未必会用，甚至干脆不承认它能用！比如《周易》。

人们一般只知道《周易》是占卜算命的书，或者是哲学书，较少有人知道它是发明学的书。

《周易·系辞传》中说：

《易》有圣人之道四焉：以言者尚其辞，以动者尚其

变，以制器者尚其象，以卜筮者尚其占。

形而上者谓之道，形而下者谓之器。

这就是“尚象制器”原理。道，是抽象的，它是原理，是根本；器，是具体的，实用的。道、器是可以转化且必须转化的，这样，道才落到实处，器，才有发明之原理。道才能指导发明，有利于人类。制器，是圣人之道，是圣人之事。可惜后来的人，特别看不起器物的发明，视之为奇技淫巧。事实上，近代中国人屡屡败给西方，正是败在这些“奇技淫巧”手里。

古者庖牺氏之王天下也，仰则观象于天，俯则观法于地，观鸟兽之文与地之宜，近取诸身，远取诸物，于是始作八卦，以通神明之德，以类万物之情。作结绳而为网罟，以佃以渔，盖取诸《离》。

庖牺氏没，神农氏作，斫木为耜，揉木为耒，耒耨之利，以教天下，盖取诸《益》。日中为市，致天下之民，聚天下之货，交易而退，各得其所，盖取诸《噬嗑》。

神农氏没，黄帝、尧、舜氏作，通其变，使民不倦，神而化之，使民宜之。《周易》穷则变，变则通，通则久。是以“自天祐之，吉无不利”。

黄帝、尧、舜垂衣裳而天下治，盖取诸《乾》《坤》。刳木为舟，剡木为楫，舟楫之利，以济不通，致远以利天下，盖取诸《涣》。服牛乘马，引重致远，以利天下，盖取诸《随》。重门击柝，以待暴客，盖取诸《豫》。断木为杵，掘地为臼，杵臼之利，万民以济，盖取诸《小过》。弦木为弧，剡木为矢，弧矢之利，以威天下，盖取诸《睽》。上古穴居而野处，后世圣人易之以宫室，上栋下宇，以待风雨，

盖取诸《大壮》。古之葬者，厚衣之以薪，葬之中野，不封不树，丧期无数。后世圣人易之以棺椁，盖取诸《大过》。上古结绳而治，后世圣人易之以书契，百官以治，万民以察，盖取诸《夬》。（《周易·系辞下传》）

从这段话可以看出，发明器械也许就是从易象上悟出来的。

试想一下，首先，是伏羲氏观天法地，取象万物，画下八卦。八卦不但可以测天时，定地位，它还是用来启发智慧，搞器物发明创造的。

伏羲氏根据离卦 ䷝，发明了渔网，离卦中爻的巽象就是绳子，离卦中虚为目，两离重目，象征网眼，这就产生了网罟，用来打猎捕鱼。

神农氏始创农业，并根据益卦 ䷩ 发明了农业工具——耒耜。其原理是：益卦下震上木，以尖木翻动土而耕种庄稼。三至五爻结为艮卦，艮即手，所以，斫木变锐，揉木使弯，便于使用。

神农氏还根据噬嗑卦 ䷔ 创建了市场。其原理是：卦象上离，为日，所以时间是日中；初至四爻互艮为市，三至五爻为坎，为水，为民众，为聚集，震为货为归，所以交易后回家。根据卦象，要在日中的时候，聚集民众及其财货，互相交换，互惠互利，达成而归。

黄帝根据涣卦 ䷺ 发明了渡水用的船。原理是：涣卦上巽为木，下为坎水，木浮于水，即船。水路有船，陆上有车。随后黄帝由随卦 ䷐ 发明了车。其原理是：服牛即驾牛。随卦初至四爻是互卦，上艮为牛，下震为马，艮又为引、拉，巽为利，所以，是以牛马引重致远，利天下之人。

另外，根据豫卦 ䷏ 发明了重门、木柝以做好防务。其原理是：二至四爻为艮，为门，下坤为门，叫重门；上震为柝，艮为击，故击柝；震为客，而决躁，叫暴客；三至五爻为坎，为盗，以此启示，发明警戒设备。重门紧闭，击柝警戒，用来防盗。

生产工具的杵臼，也是小过卦象䷽的启示。小过卦二至四爻为巽，为木，即杵；三至五爻为兑，为毁折，所以，是断木为杵；上震中虚为臼形，下艮为掘，挖地为臼，砸之使坚，把谷物放入，以杵舂之，获得精米。

打猎及战争的重要工具——弓箭（弧矢），则是从睽卦䷥中得到的启发。其原理是：睽三至五爻为坎，为弧，为矢；弦木为弧，是说以弦牵木使之弯曲为弧；削木使直的做成矢，即箭。离为威，兑为折毁，所以说是，弓矢之利，威天下。

此外，还有由大壮卦䷡而发明的宫殿，根据大过卦象䷛发明的棺椁，等等。

有形器物创造，要靠易象，无形的精神发明，也可以用易象的原理。契刻文字的发明就是从夬卦的启示而来的。夬卦象是䷪，上兑下乾，乾卦、兑卦是代表金，表契刻义，兑又为口，为言，意思是把说过的话刻下来，作为契约，以防作伪，防欺骗。金口玉言，说一不二，以诚信断事。

所以，《周易》上说："是故《易》者，象也。象者，像也。"仅用八卦之象，来表示万类之象，启迪出了无量智慧。

从占天到占人

现代人都知道《周易》是占卜算命的书，连南宋的大理学家朱熹都这么说。如果把占卜看成是“推往以知来”的预测术，似乎也没什么错。现代科学也是这样的。实际上，人类开拓知识、掌握知识的目的是什么？最根本的目的是探究真理，掌握命运。所以，从某种程度上说，一切的知识，都是用来算命的。

中国古代叫这样的学问为“天人之学”。所以，中国先秦两汉时期，有句话叫：学不究天人，不可谓学。司马迁称自已写《史记》就是为了“究天人之际，通古今之变”的。

所谓“天人之学”，就是要深入地研究怎么知道“天意”，通过什么方式可以知道天要让人做什么，不做什么。也就是算命。而中国古人真正“通天”的学问，就是《周易》！

《周易》是用来显示天意的。它有两个阶段。

第一阶段是占天道。

不管是伏羲先天八卦也好，神农《连山易》也好，还是黄帝《归藏易》也好，都是研究自然的，表达“天意”的。实际上，它们都是清晰地规划整个自然的。特别是《连山易》，就是上古的简单的历法图式。历法是人类第一法，是研究天时的。对于农民来讲，那是无上的自然大法。它要研究日月的运行规律，物候的变化规律，作物的生长规律，等等，要研究它们之间的复杂关系，来安排好农事。

上古人们研究历法，就是占天道的，什么时候下雨，什么时候下雪，什么时候该种，什么时候该收，就是要掌握好自然规律，这就是今日的科学，没有什么玄之又玄的迷雾。

法国有个思想家叫孔多塞，他认为，人类是从大自然中走出来的社会性的生物，所以，它先在自然，然后进入历史。这一过程亦是人类理性不断解放的过程：首先是要从自然环境的束缚之下解放出来，然后是要从历史的束缚之下解放出来。

这即是说，人类在诞生之后，一开始，首先遇到的最大的敌人是自然，与自然的矛盾，是其最大的矛盾，他们首先要解决与自然之间的冲突。所以，人类首先发展出来的学问，就是研究自然的学问，叫“自然哲学”，现代的自然科学所有学科都是从“自然哲学”中分化出来的。英国人牛顿，那时称自己的研究仍然叫自然哲学，现代人才称物理学。

西方思想的发展，也是这样的。西方哲学起源的古希腊时期，即可以分为两个时期。前一个时期，偏于对物象的观察，偏于自然的，偏于宇宙的，希腊哲学之父泰勒斯说：水是万物的始基！还有阿那克西曼德、赫拉克利特、毕达哥拉斯等，都偏于自然的；后一个时期则偏重于心理性的，如苏格拉底、柏拉图、亚里士多德和斯多葛派。

第二阶段是占人事。

中西方早期哲学形态，都是从宇宙论或自然哲学开始，而后转入对人的精神内在的关注。

当人与自然的矛盾得到了一定程度的解决，如从自然中能很自由地获得充足的生活物资的时候，人与自然的矛盾就变得次要了。

而当人们获得的物资越多，剩余的东西越多，人与人之间为利益的争斗就逐渐激烈起来，所以，《易传》上说：

> **有天地，然后万物生焉。盈天地之间者唯万物，故受之以《屯》。《屯》者盈也，物之始生也。物生必蒙，故受之以《蒙》。《蒙》者蒙也，物之稚也。物稚不可不养也，故受之以《需》。《需》者，饮食之道也。饮食必有讼，故受之以《讼》。讼必有众起，故受之以《师》。《师》者，众也。众必有所比，故受之以《比》。**

天地生万物，万物始生，非常稚嫩，需要滋养，滋养需饮食，饮食分配不公就争讼，争讼没有结果就打仗。《易传》把人类很复杂的问题，讲得简单明了！至此，“易”亦由占天道的自然哲学，变成了占人事的人事哲学。这一步据说就是周文王姬昌与他的儿子周公旦完成的。他们创造了《周易》。班固说：“至于殷周之际，纣在上位，逆天暴物，文王以诸侯，顺命而行道，天人之占可得而效，于是重《易》六爻作上下篇。”

据记载，他们父子具体的工作是：以乾卦为首，崇尚天德，重视生命生长强健的力量。重卦六爻，变象占为爻占。周文王做卦辞，周公旦做爻辞。

这几点显示，《周易》由研究天道转向了研究人道，推崇人的德行。

夏人尚山，商人重地，周人尊天。

商朝人凡事都占卜占卜，问问鬼神。周人尚“德”，敬鬼神而远之。崇尚天德，以修刚健有为之善德为本，精进不息。这一点容后面详细说明。

爻占也开始用于人事。可能在周人以前，占卦都是象占的，而象占，是简单的，只有六十四卦。而人事的问题太复杂，六十四卦的模式已经不足以解释现实中发生的那么多问题，于是，周人发明了爻占，一下子增添了几倍的解释方法。爻有三百八十四爻，就有三百八十四种解释方式，而且，还可以变卦，卦卦之间可以往来互通。这样，就给予了占卜以极大的闪转腾挪的自由空间，其解释也变得无限自由起来。

象形的八卦

学好《周易》，首先得精熟地背诵八卦、六十四卦歌。熟练地掌握它们之间的变化，算是做好了学习的基础。

真正训练思维的是理解八卦、六十四卦的生成原理，以及解卦的方法。实际上学易本身的目的，就是训练出“理通天地密”的能力，以培养“道合贤者深”的修养。

我们只知道，中国的汉字造字法有六种，叫“六书”。实际上，造字法只有四种，即象形、指事、会意、形声，而转注、假借只是用字法，不能算是造字法。

象形是最基础的造字法，指事是在象形的上面加上一点什么以突出之，如刃，刀口上加一点，特指刀的最锋利的地方。会意是两个或多个象形字堆在一块儿，来显示一个意思。形声也是将一个表示形旁的象形字与一个表示声旁的象形字组合在一块儿形成的新字。

实际上，早于文字出现的八卦符号也是遵循造字思维的。

阴阳爻符号就是高度抽象的象形。

《周易》整个庞大体系的构成，就是阴爻⚋阳爻⚊。这两个符号的来历，现在也弄不清了，郭沫若说是源自男女生殖器，还有的说是占卜用的竹棍，也有说是上古时候结绳记事打的结。现代人又从数学的角度，把它们看成了0与1，直接与计算机的程序设计挂起了钩。

较为流行的一种解释，是西安学者张政烺提出的数字。他在钟鼎铭文中，最早发现了重卦的数字卦，那些卦都是用数字表示的，如下图。所以，他说阳爻——是“一”演变过来的，阴爻— —是∧(六)拉直的结果。

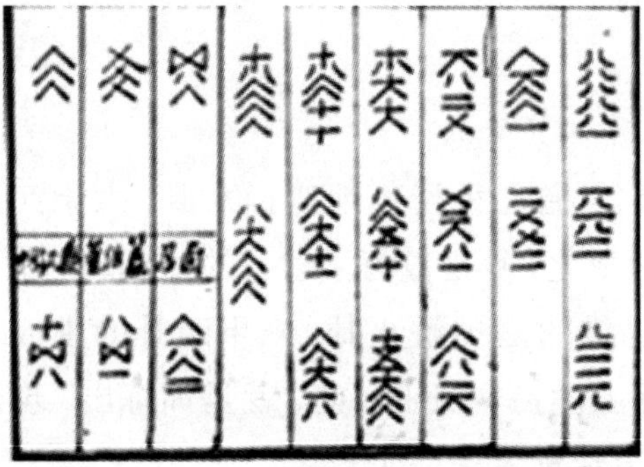

也有道理。但我认为，数字卦与符号卦应该是同时存在的。

基于以上的说法，阴阳爻不管是怎么的说不清来历，就看这些基本的观点，有多少材料说多少话，它们的原理是：象形的。

但这种象形，又是一种极高的抽象。是对成对成双的自然万物的高度抽象与分类整理。

实际上，八卦卦符虽然是由阴阳两个符号组成的，但也具有高度的象形特征。汉代的人说，八卦本身就是古文字，《乾凿度》上说：

☰，古天字；

☷，古地字；

☳，古雷字；

☴，古风字；

☵，古水字；

☲，古火字；

☶，古山字；

☱，古泽字。

对于这八个符号，现在出现了解释的困难。天、地、水、火的解释，都比较容易，象形的，一望便知。如：

天为上浮之清气，气的象形字就是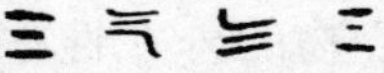，就是☰。

两汉前的八卦中地为“川”，象形字即“巛”，如果按张政烺说的——来自于∧（六），三个倒过来的∧堆在一起，就是☷。

八卦中的☵，这个图形就是甲骨文水字放倒了看。

八卦中的☲，就是火，其金文与甲骨文的写法即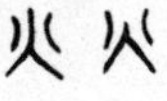，两边是竖的一，是竖着的两阳爻，中间就是∧，就是六，水平放置就是☲。

研究八卦符号的专家们最头疼的是震、巽、艮、兑。

其实前面四个基本都是象形的。八卦艮☶，即山，也是象形的，这不像一个堆起来的土山吗？

八卦中的雷字☳，从象形的角度上看，像地被打了个坑。

八卦中的泽☱，章太炎说“兑之为泽，莫能明也”。⚋，既可作土，也可作水，都属阴性，所以，形象地看，上水，水下无限动荡，生物丰富，为人们提供丰富的生活物资，所以，泽即兑，即喜悦。

八卦中的☴，即风，象形，阳气行于土上，风起于大地，象风无孔不入，风伏焉万物之状。

所以，八卦是文字，又不是文字；是象，又不具象，很矛盾的表述，就是高度抽象的具象。

有物，就有物性，卦性正是八卦的品格，叫卦德。八卦的取象是天、地、雷、风、水、火、山、泽，这只是具体的物，《周易》重视的是物从其类，所以，更重视抽象的卦德，这八卦的卦德即是：

天，健；地，顺；雷，动；风，入；离，明；水，陷；泽，悦；山，止。

物对人作用是通过卦性即卦德实现的。中国人不关心天的质地是什么，不研究物质的什么原子、分子、中子、质子的内部结构，他关心的是八卦即物影响人的卦性，对人是有害或是有利，是吉或是凶。

西方人研究物的内部，发展出来的是物理学、化学等自然科学，中国关心物的外在性德，发展出来的是价值哲学，如伦理学、美学、艺术学。

从八卦到六十四卦

世上倒真是有“你不说，我倒还明白；你越说，我越糊涂的”的事情。

《周易》的发展史上，从八卦如何变成六十四卦的，本有现成的众口一词的说法，就是“重卦”说。有的说是伏羲重的卦，有的说是神农重的卦，有的说是黄帝重的卦，也有传说是大禹重的卦，更多的人说是文王重的卦，总之，六十四卦的每一卦就是由八卦的两个单卦重叠、摞起来形成的。《周易·系辞传》中也说：“八卦成列，象在其中矣；因而重之，爻在其中矣。”

实际上，自古以来，八卦称经卦，六十四卦称别卦，本身就十分能说明重卦的问题了，“经”是干，“别”是干的旁出，这本身就说明六十四卦就是来自八卦的重叠。这都是口头历史的传说，有的也亦载之竹帛，也算是历史吧。

但随着近代“疑古派”的出现，中国的古史彻底被打翻，中国上古时期口头传说的历史被扫荡殆尽。八卦真的成了“八卦”，没有了来历，也就没有存在的价值了。

《周易》的历史，本身就是古史的重要部分。波及易学的研究，重卦说也遭到了学者们严重的怀疑，甚至嘲弄。有的学者极端地认为，是六十四卦先于八卦，而不是八卦先于六十四卦。这种观点的依据是：

一、《周易》中没有一条卦爻辞提到上下卦的关系。

二、重卦说与揲筮取卦法不一致。揲筮法的成卦过程中，十有八变而成卦，所成的是六划卦，而不是三划卦的八卦，所以，揲筮成卦法与八卦没有任何关系。

三、六十四卦起源很早，商周时期的数字卦，都是六划卦。

四、先秦文献中所提到的卦名，都是六十四卦的名称，只有在解释卦爻辞时才区分上下卦。虽然，《易传》中有“八卦成列，象在其中矣；因而重之，爻在其中矣”，但《帛书易传》中不是“因而重之”，而是“因而动之”，所以，并不算提到“重卦”二字。

五、重卦之说不能解释通行本《周易》两两相对的编纂体例。《周易》的卦序，“乾坤屯蒙需讼师，比小畜兮履泰否……小过既济兼未济，是为下经三十四。”这个顺序是按照“两两相耦，非覆即变”的方式排列的。“两两相耦”，是说六十四卦相邻的两卦都是成对的，如乾坤，如屯蒙，如需讼；“非覆即变”是说成对的两卦，要么是一个卦是另一卦卦体的倒置，如水雷屯倒过来就是山水蒙；要么就是两卦相对两爻相反，如否卦与泰卦、既济卦与未济卦，都是如此。

这种“两两相耦，非覆即变”与重卦法不合。如果按照上下卦重卦法，对震上坎下的屯卦和坎下艮上的蒙卦，或者艮下兑上的咸卦和巽下震上的恒卦，为什么会两两相对地排列在一起呢？除了反覆成卦的解释以外，没有别的解释了。

再者，如果以八重卦成六十四卦，只能出现两种情况：一是上下卦相同的，即乾、坤、艮、兑、坎、离、震、巽八个卦，其余五十六卦都是上下两个不同的单卦重合在一起。上下卦相同的八个卦，按照“非覆即变”的原则应该是乾和坤、艮和兑、坎和离、震和巽，两两相对地分成四组，但实际上，通行本《周易》的卦序却不是这样的，而是震为五十一，艮为五十二，巽为五十七，兑为五十八，将震和艮、巽和兑组合在一起，可见“非覆即变”的排列方式仍然是以“覆”为主。

上下卦不同的五十六卦重叠，也有两种不同的情况：一种是上下卦互相对换，在通行本《周易》卦序中有十二卦属于这种情况，即，需、讼，师、比，泰、否，同人、大有，晋、明夷，既济、未济；其余四十四卦的卦序，排列在一起的两两相对的卦，上下两个单卦都没有这种直接的对换关系。可见《彖传》和《象传》中关于八卦卦象所做的解释如上天下泽等与六十四卦卦序的排列方法没有直接关系。

如此，他们即认为，六十四卦先出，而八卦则是从六十四卦中后来析出的。

实际上，这种用通行本《周易》的卦序做基础来判断六十四卦与八卦谁先谁后的做法，本身就是有问题的。“易”来历久远，通行本《周易》本身即是后出者，究竟它本身是怎么来的都是问题。怎么能用这个后出的本子做基础来判断比它更早的东西呢？

有人还做了一个假说，想当然地认为，六十四卦是这么先出的，根本与八卦无关。他说，往古时期，人们要掌握自己的命运，要了解天命，就通过占筮，占是用龟甲，在上面钻孔，然后用火烧之使孔周围皲裂，根据开裂的纹理形状，来判断吉凶祸福，商朝的人用的比较多。甲骨文大部分都是商人龟卜的记录。再者，筮占，即《周易》占。筮占时，怎么占呢？在⚊/⚋之中二取一是最简单的占法，但二取一太简单，不足以应付复杂的问题。而古人又迷信，相信神灵，神灵依人体的坐标有上下、左右、前后六方，都要祈请到，就需要占六次，每次在⚊/⚋之间二取一，经六次，成六个数字，即为六爻卦。所以，六十四卦是《周易》的根本，与八卦没有关系，八卦是人们在应用六十四卦的过程中，后来将六爻卦上下分开形成的。

但这种假说，毕竟是假说，说得虽然理能自圆，但并不是言之凿凿，连口述的传说的历史根据都没有。并且，它也解释不了为什么六爻的顺序是从下往上数的，古人为什么规定初爻在下，古人为什么不规定六爻要从上往下数呢？而且它的六占成卦法也与《系辞传》中的“大衍之数”的十八变成卦法不相符合。

事实上，《周易》“人更三圣，事历三古”，何止是三圣三古？其间经过怎么的变化，依据史料，很难断定。在那个上古无文字的时代，我们除了仔细地小心地辨别传说的古史外，还能有什么可靠的依据呢？因为出土的文物，都没有文字，人们对那些所出土的上古洪荒时期的文物上所绘的图画的意义，也充满了玄惑迷思，难能会其本意。

但有一点十分清楚。历史上认为文王重卦的比较多，也有正史的记载。事实上，根据古史，重卦肯定在文王之前，因为《周礼·春官·宗伯》上说：“太卜掌三易之法，一曰《连山》，二曰《归藏》，三曰《周易》。其经卦皆八，其别皆六十有四。”意思是说在《周易》之前的《连山易》《归藏易》都有不同的占筮方法，但它们都是由八个经卦重叠出的六十四别卦组成的。而且，《易传》中所记载的有关“尚象制器”的发明所用的各个卦，都是六爻卦。

那么，文王对《周易》做了什么呢？为什么人们多认为是文王重卦呢？

那是因为文王以前，人们占卦，都是大象占，即用六爻卦的上下卦的因缘关系来判断吉凶的，而文王则放弃了这种占法，而发明了爻占，爻占使六十四卦的象占，一下子扩充了三百八十四爻，而且，爻爻之间往来互通的复杂关系，能更好地应付社会生活的复杂性，也使《周易》具有更加自由的解释空间。《周易》不再是静止的东西，而充满了动态的变化，六爻的发动，实在是对易学的一大贡献。

所以，人们不太准确地以为是文王重了卦，实际上，文王没有重卦，放弃了八卦的大象占，而发明了六爻占。正是因为六爻发动得十分重要，人们讹传了文王的创发六爻为重卦。毕竟其内容上有些十分相近。静态的“大象占”更为古老，但作用有限，而动态的“爻象占”，即小象占，灵活，丰富，极大地扩充了易学的内容，取代了大象占。所以，并不是六十四卦在先，八卦后出，而是文王放弃了八卦的大象占，发明了小象占，导致了人们对六十四卦在先八卦在后的误会。

会意上经卦象

前文说过，八卦的取象是天、地、雷、风、水、火、山、泽，这只是具象，《周易》重视的是“物从其类”，所以，更重视抽象的卦德，这八卦的卦德即是：

天，刚健；地，柔顺；雷，动；风，入；火，明丽；水，险陷；泽，悦；山，止。

八卦有象有德。不同的卦体，不同的卦德，构成无限的组合，就生出了无限的意义。这是《大象传》与《彖传》解卦的门户。

卦象的交合合乎造字之法的会意。“会意者，比类合谊，以见指捣，武信是也。”用两个或两个以上的独体字根据意义之间的关系合成一个字，综合表示这些构字成分合成的意义，这种造字法叫会意。

六十四别卦的解释与构成，也是会意的。这里充满着自由的理性的有意图的解象的艺术。

上经三十卦，起于乾坤，终于坎离，即起于天地，终于水火。

分述如下。

一、䷀乾卦，从象上看，天上加天，象征天道循环，无往不复。从人事上说，代表君王，代表父亲。从卦德上看，纯阳至大，刚健不息，是生成天地万物最原始的发动的力量。

二、䷁ 坤卦，纯阴之体，是阴气凝结形成的，在人象征母亲与臣子。在天创始万物的过程中，发挥着顺承天、辅助天的作用，至阴至柔至顺。

三、䷂ 屯卦，下雷上水，水气积聚成雷，将要下雨还未下，比喻事物初生之艰难。屯字甲骨文是 ，是初生的草木，萌芽必须历经艰难，破土而出，所以，叫“屯”。从卦德看，震为动，为生，坎为险，动乎险中，就是在艰难中出生。屯卦显示了如何走出初生险境的方法。

四、䷃ 蒙卦，卦象是山下有水，水遇山而止，不知道该流向哪里，像小孩子精神的成长，不知道该长向哪里，需要引导，需要发蒙，启蒙。卦德上显示，内卦坎代表危险，外卦艮代表静止，像人遇险而内心犹豫，外显静止，需要指导。所以，这是体现教育的一卦。

五、䷄ 需卦，卦象是水在天上，而“需”字，本身也是上水下天，天的简书文字是 ，就是“而”字，其金文是 。天上有水有云集聚，还没有下来，所以，“需”就是等待。从卦德上看，下乾刚健上行遇坎险，必须等待时机。此卦告诉人做事要有耐心，遇事不能急躁。

六、䷅ 讼卦，卦象为下水上天，代表天的是日月星辰，日月星辰西行，坎为水，水东流，互相违背，象征争讼。讼字即言即公，要求公正，以断是非曲直。从卦德上看，下坎险，上乾健，行险遇健，各自内怀险陷，要求公正果断地处置。

七、䷆ 师卦，下坎上坤，坤为地，代表民众，水象征军队，地下有水，象征军队来自民众，兵民一体。师字本身甲骨文 ，即小山，象征兵士之多。卦德上显示，“兵者，诡道也”，师卦内坎险而外坤顺，以柔顺来对待危险，内怀不测之心，外显柔顺之态，正是

用兵的道理。

八、䷇ 比卦，下地上水，水润浸于地，相合无间，亲密比辅之象，关系相近，互相帮助。比，据《甲骨文编》，“比”字为妇女肘、膝同时着地等待性交之状。其甲骨文是  ，示两人相近呈交合之状。《说文》解释说：比者，密也。是够亲密的。卦象与文字，都是会意。

九、䷈ 小畜卦，卦象上看，下天上风，风行天上，尚未施及地，显示不急于帮助外物，先积蓄力量。畜，储积，畜养。卦名小畜，即小有储蓄、畜养。卦德上显示，乾刚巽柔，以高天之乾健而处巽柔之下，表示以柔顺之德蓄积阳刚之气，所积蓄者尚小，还不够大，叫小畜。

十、䷉ 履卦，卦象是上天下泽，八卦中，乾最尊贵在上，兑最卑下处在下，卦显高卑定位，喻人要按尊卑之礼，各安其位，各行其道，即履，履行。履，本身是按道路行走，原本通“礼”，做事以礼。从卦德看，乾德至为刚健，兑卦至为和悦，以和悦之情跟随刚健之德，谨守礼义，如履薄冰，才能免于祸患。

十一、䷊ 泰卦，卦象是天在地下，天之阳气上腾，地之阴气下沉，阴阳和合。天地大通，万物化生。于人事，是君卑下于臣，臣仰尊于君，君臣和合，天下大定。所以，“天地交而万物通也，上下交而其志同也”。它揭示了事物只有阴阳交应，互相感通，才能通泰繁荣，充满活力。从卦德上看，内卦刚健，外卦柔顺，显示内怀刚健之心外显柔顺之行，内德外柔，无往不利，无事不成。篆体“泰”字显示两手救人于水中，大吉之象。

十二、䷋ 否卦，卦象显示，下地上天，天之阳气上腾，地之阴气下行，互相背行不交，互不相通，上下悖谬，显关闭之象，天地不能生养万物。在人事显示，官民不和，君臣不睦，离心离德。正是“天地不交而万物不通也，上下不交而天下无邦也”。“否”字上不下口，以口说不，不赞同于人，与人相背，与卦象意同。卦德显示，内怀小人阴柔之心而外居刚健之位，正是君子道消，小人道长也。

十三、䷌同人卦，同人，即要和同于人，不与人争执。卦象是上天下火，天气上升，火炎上亲近于天，其志和同，互相亲近。卦德显示，火炎上以亲近刚健之天德，即启示天下之人应该以天之刚健之正道正德相近相亲，才能天下大同。

十四、䷍大有卦，大有，即所拥有的事物多而丰富。卦象显示，火在天上，光明普照一切，无所不照，即大有。卦意启示人们，在繁盛大富之时，人们如何保持富有。卦德上启示人们，内卦刚健，外卦文明，即要内怀刚健之德，外做文明之事。

十五、䷎谦卦，卦象山在地下，山本在地上，今在地下，显示谦虚不骄之德。启示人们为人处世，要低调，不张扬，才能成功。卦德上看，下山为止，上地为柔顺，内在有所止，有所不为，外显文明，即可行事、处世无所不畅通。

十六、䷏豫卦，卦象上看，地下之阳气，升出地表，而至于天，雷动大地之上，万物生发而振奋，显示欣悦、高兴、欢乐之象。卦德上启示，下顺上动，下以柔顺态度配合上边刚健的行动，有和合之意。豫，安和怡乐。

十七、䷐随卦，随，即跟随，随从。卦象上显示，雷震于泽中，泽随雷动。从卦德上看，阳刚的震卦屈居于下而随顺于阴柔的兑卦，以强顺柔，以尊就卑，以高从下，进德修业，自然有成就。

十八、䷑蛊卦，其甲骨文 与小篆，都是会意字，像一个器皿里养了许多毒蛇，毒蛇互相吞食，最后形成最毒的蛇。意为积小弊而成大害。朱熹说：“坏急而有事。”卦象与卦名意同。卦象风止山下，气郁不通，故生病害生，即蛊。《证治汇补》卷六：“胀满既久，气血结聚不能释散，俗名曰蛊。”所以，要解除蛊害，就必须培育德行。卦象上的义，有因卦象来取的，有因对卦象的反

省得来的，蛊卦是对卦象的反省得来的，是讲如何拯时救乱的，也就是治蛊之道。

十九、䷒临卦，临，本义为由高向下看。引申为尊贵者下临卑下者，居上监临于下。卦象上显示，地下有泽，地本在下，泽本在上，象上地居泽上，所以，以地临泽，地为君包容之德，泽为民，像君德临视万民，政治上，是指以上统下之义。

二十、䷓观卦，观，即观仰。卦象呈风行大地，俯览万物、风化万物之象。引申在上位者，以自己的言行品德普泛风行感化万民的意思。卦德启示，上为巽为入，象征政府法令，下为坤为顺，为民众听从上层训导，上命下从，风教化成。为君者，要上观天道，下察民情，身正品端，自然感化万民。

二一、䷔噬嗑卦，原义是口上下相合即咬东西的意思。卦象即像口中有物，上下不能，必须合口咬啮把它吃下，上下才通。上为离，像口；下为震为动，卦象呈动口之象。咬牙吃下硬物，有下狠劲解决问题之意。所以，象征断案治狱，施刑用法，必须果断狠决。从卦德上看，外离为明，内震为雷为威，只有内怀刚威，外用明察，才能建信立威，使民众安分守法。所以，此卦也是启示断案治狱之法的。

二二、䷕贲卦，贲，修饰。卦呈"文饰"之象。《杂卦传》解释成"无色"。《周易》里的解释为相反。这正是汉语表达的正反义同体的有趣现象，叫"反训"，如，乱，治也；臭，香也；逆，迎也，如此等等。但这种同一个字的矛盾表达，却可以在卦象上明确地显示出来。贲卦，下火上山，八卦中，只有山是最质实的，只有火是最有文采最光亮的，火显文饰，山示质实，文质彬彬，是最好的文饰。人们认识事物先外表，后内质，卦体正是离居下位，为文饰，艮居上位为质实。卦象体现出一种完美的美学原则。

二三、䷖剥卦，剥，即落。卦象下地上山，山附于地，山本在地上，却附于地，整年因风雨雷霆，冷热缩胀，渐渐向下剥落，不是突然发生，而呈高山逐渐颓萎地面之象。生长停止，向死而去。所以，君子道消，小人道长。从卦德上看，内坤为顺，外艮为止，内怀柔顺之心，对外行为有所止，有所不为，于此小人道长之时，公道不彰之际，小心慎守，顺势止剥，不为小人所害。

二四、䷗ 复卦，复，再来，回复。卦象上是，下体为雷，上体为地，雷震于地下，震为阳，阳气萌动于地下。古人认为，一年四时，寒来暑往，阴阳消长，阴来阳消，阳消阴长，往复循环。震于地下，即阳气回归，万物得阳气则生，即启动了天地的生机，犹如人善念之初动。《易传》说“天地有好生之德”，所以，又说“复，其见天地之心乎”，复显见了天地之好生之心。复卦启示了正气一见，不可抗拒的自然律则，正是君子道长，小人道消之时。卦德亦显示，下为震为动，上为坤为顺，内动而外顺，阳刚正气，畅通无阻，君子宜有所为。

二五、䷘ 无妄卦，卦名有四解：1.没有希望；2.不要妄作；3.自然发生，不期而有，如无妄之灾；4.诚实而无虚妄。后两解意义相通，人心如果达到至诚无虚妄，也就顺合于自然了。所以，《中庸》说：“诚者，天之道也；诚之者，人之道也。”天道本至诚无欺，人应该合于天道之至诚无欺。卦象上显示，时令春分，天下雷震，阳气流行，万物随之而出，无不相应，勃勃生长。至秋分，阳气入阴，万物凋落，所以，大自然是没有人命令它，它自然而然，至诚无虚。人亦应该至诚无虚，按天理做事。从卦德上看，内卦为震为动，外卦为乾为健，内动外健，卦德阳健，人做事也要效天德之至诚，不要让邪妄影响行为。

二六、䷙ 大畜卦，畜，即积蓄，蓄止；大畜，即大积蓄。卦象是下乾上艮，呈天在山中之象，山本不能包纳大天，取其能大畜的意思，就像人心虽小，却能容纳无尽的历史的经验、知识。从卦德上看，下乾无量至刚至正之气上腾，遇山而止，被山所蓄藏，启示人们要广闻博识，竭力蓄养知识，丰富内心，培育笃厚的德行。

二七、䷚颐卦，颐，就是养，调养。卦形中空如张开的嘴，即显示想要吃东西的样子，引申为调养。所以，卦上说：“观颐，自求口实。”卦象上显示，上艮下震，像人用嘴嚼东西，上边为山为止，下边为震为动，上边不动下边动，引申为吃东西以养人，叫颐养。卦德上是，内动而外止，内在里健动培养正气，外面却显示不作为什么，有加强内在自我涵养之义。卦义由颐养身体，向养德引申，又推广到了养人、养贤、养天下的大德的培养。

二八、䷛大过卦，大过，有过分、过头的意思。卦象是下巽上兑，上面是大泽，下面是风，风为木，有大泽灭木的意思。本来大泽应该滋润林木生长，可卦象显示大泽浸坏了林木，大为过甚。中间四阳为上下两阴所困，是大坎之形，为陷为死，是大凶之卦，所以，君子遇之应该“独立不惧，遁世无闷”，不被天下人理解，遭天下人骂而不怕，且能守道自乐。

二九、䷜坎卦，上下卦皆为☵，卦象上是一阳为两阴所困，所以，显示的卦德就是陷、险。在八卦的卦德中，只有坎卦不吉利，坎是凶卦。而两卦相重，表示水流不息，险陷重重，更加凶险。水流不息正像鸟儿不停地扇动翅膀，所以，又叫“习坎”。卦象启示人们，进德修业，要细水长流，经久不息，经历险陷，习之常事，自然能脱离险境。水虽能陷，但识水性，自然出入自由。

三十、䷝离卦，离者，丽也，丽本无体，必有所附。卦象上显示上下皆离，天上有日月之丽，大地有万物草木之丽，天地皆丽，光照世界，引申为君主以光明之德照耀天下。离为日，日日循环不已，君主之德无尽，润泽万民。

会意下经卦象

《周易》上下经文的编辑，非常精致和完美。它是按照先天八卦的框架编定的。先天八卦在《说卦传》中是：

天地定位，山泽通气，雷风相薄，水火不相射，八卦相错。数往者顺，知来者逆，是故《周易》逆数也。

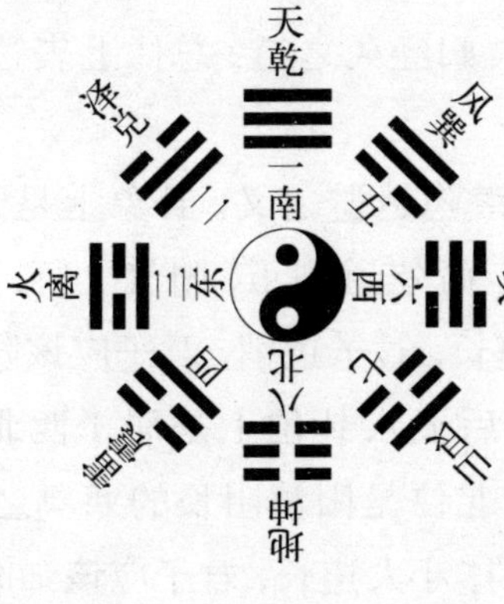

《周易》上经三十卦，始于天地，岂不是“天地定位”？终于水火，岂不是“水火不相射”？《周易》下经三十四卦，起于咸卦、恒卦，咸卦为泽山，正是“山泽通气”；恒卦为雷风，正是“雷风相薄”。下经终于既济、未济，既济卦是火水相射，是《周易》中最圆满的一卦，既济本义就是“已经成功”，谁不希望成功？而最后一卦未济，未济就是“未成功”，卦象正是“水火不相射”。正是水火的不相射成为未济卦，标示了易理的终而复始，循环无端。

《周易》表述的易理不是追求静态的最终完满，它以未济的水火相背的重新开始，表达了不圆满才是最圆满的思想。

下经从咸、恒两卦开始。

三一、䷞咸卦，咸，即感，是无心之感，是最真诚的交感。卦象上是上泽下山，泽以润山，山以容泽，互相感通，即山泽通气。从人事上看，是少女在上，少男在下，互相交感，是最为至纯的情感交应，呈夫妇之象。从卦德上看，上兑下止，止而悦，止于喜悦，既不拘谨，又不放荡，和合悦乐，至美交合。咸卦表达了阴阳交互感应的法则。

三二、䷟恒卦，恒，心志持久。卦象上是上雷下风，雷风相薄，雷动风应，风生雷鸣，如影随形，天道恒常之事，即恒。从人事上看，上面是震为长男，下巽为长女，下为内卦，上为外卦，所以，女主内，男主外，显示夫妇经久之道。总体上表达了做事有心有恒志、坚持不懈的道理。

三三、䷠遁卦，潜隐退避之义。卦象上是天在上，山在下，山形高耸，有上冲之势，而乾道刚正，阳气上行，呈现出退避的样子。在人事上，是小人道长，君子道消，君子应该隐退避害。

还有一解：乾卦在后天八卦位上是居于西北，艮卦在先天卦位上亦居西北位置，西北位是阳消阴长的寒冥之地，阳气潜藏退避之处，所以，君子道消，小人道长，君子应该知时退避。

卦象启示：处世行事，情势不妙，应及时躲避，以待来时。

三四、䷡大壮卦，阳极为壮盛的意思。卦象上雷在天上，响彻寰宇，威力强大，阳刚盛壮。从卦德上看，内为纯阳刚健无比，外为震动，二者相合，即有以刚健内力推动万物运行不息的情状。本卦描述了事物发展的盛壮情境，启示人们如何保持住盛壮不退。

三五、䷢晋卦,晋，甲骨文是，《说文》说：“晋，进也。日出，万物进。”卦象正是“晋”字的会意，上离下地，离为日，呈旭日东升之象，阳气上扬，万物勃生。卦德显示下为坤为顺，上为离为明，以人事说，上面光明，下面顺和，社会和平。晋卦描述了事物如何顺势升进的情态。

三六、䷣明夷卦，夷，像人背弓，为猎人之象，有猎杀、灭杀、伤害之象。明夷，光明被夷灭。卦名义与卦象相合，卦象是上坤下离，上坤为地，下离为日，为明，日在地下，光明灭失，黑暗来临。情势不妙。卦德显示，内为离为光明，外为坤为地为顺，启示人们，在光明夷灭，社会黑暗之际，要内怀光明之德，外呈柔顺之行，韬光养晦，守正不移，以等待光明的再次到来。

三七、䷤家人卦，家人讲的是持家之道。卦象是上为风下为火，呈风自火出之象，风火相连不分，为一家。而火象征明哲的德行，风象征道德教化，卦象显示，道德教化来源于贤明圣哲的德行高尚的人，所以，贤明圣哲的人，说话实在，做事持之以恒。从人事上看，上为长女，下为中女，二女同家，长幼有序。古时男人主外，女人主内，在家女人守道有序，家庭自然和睦。

三八、䷥睽卦，睽，分离，背离。睽卦显示了违背散离的意思。卦象上，上离下兑，上为火，火为阳气，阳气上行；下为泽，泽水下浸，互相背离，相反而行。所以，呈违背离散之象。从人事言之，下为兑为少女，上为离为中女，二女虽同处一处，而志向不同。所以，《彖传》说：“二女同居，其志不同行。”虽然二人志向相异，但少女在下，中女在上，还有秩序，还没有完全决裂，还有相知相通的机会。所以，《彖传》又说：“天地睽而其事同也，男女睽而其志通也，万物睽而其事类也。”卦意是说，万物虽然不同，但有其共性相通之处，启示人们不要因为事物相异，就要互相隔离，睽卦探讨的是如何变“睽”为“合”的道理。

三九、䷦蹇卦，蹇是行路艰难的意思。卦象上正显示此意，上坎下艮，水在山上，水为险，山行难，所以，山水合象成艰难险阻之象，表示人行路险难、曲折不顺的意思。从卦德上看，内艮为山为止，外坎为水为险，显示看见前面有危险而止步不前，启示人们面对危险，而当停止前行，好好自我反思，积累德能，以能涉险渡过难关。

四十、䷧解卦，解，会意，以刀割牛，有分解、打开的意思。卦意引申为解除险阻艰难。上震下坎，春雷天上震动，坎水落地为雨，阴阳二气交感，相通相和，草木破甲破土而生，万物像解了紧束的套子一样渡过了艰难，生长发育，欣欣向荣。从卦德上看，下为坎为险，上为震为动，下为内，上为外，是动于险外，在险难之外行动，有脱离险难之义。本卦描述了遇到艰难如何摆脱的过程。

四一、䷨损卦，损，就是减少。卦象是上艮下兑，显示泽中有山，泽水天天浸蚀山体，山体亦天天受损而剥落，填实水泽，呈互相消损之象。在人事上的启示是，互相损害，是因为人利己行私，私欲膨胀，而至互相恨怨，这对双方都没有好处，最后只能两败俱伤，相反只有压制自己的愤恨、止息自己的私欲，才能互利。所以《象传》说：“山下有泽，损，君子以惩忿窒欲。”损卦来自上经的泰卦，是泰卦的九三爻居于其上位而成。损下以益上，即为损。

四二、䷩益卦，益，增加。卦象是上巽下震，雷震风起，风雷激荡，雷厉风行，互相激励，互增声势，即益。从卦德上看，内震为动，外巽为入，内越动，而外越入。益卦来自上经的否卦，是否卦的九四来居于初位成益，即减损上面的有余之阳，增益下面。减损国君，以益人民，民是邦本，本固邦宁。在上位者能减损自己以增加人民的收入，则人民安居乐业，国家太平。益卦显示了损上以益下的道理。

四三、䷪夬卦，夬，决断。卦象是上兑下乾，泽在天上。泽本不在天上，今泽在天上，无岸拦阻，成断决流荡之象，以降润雨，滋育万物。有国家施恩百姓之意，施惠于民可以，做君主不能以有德自居，只能谦称寡德之人。所以，《象传》说：“泽上于天，《夬》。君子以施禄及下，居德则忌。”从爻象看，五刚决一柔，为决，君子道长，小人道消，正气以除邪气。卦德上是下乾为刚健，上兑为泽为悦，刚健能决，又且悦乐，就是合适而恰当的决断，正是决断之道。

四四、䷫姤卦，姤，不期而遇。卦象上乾下巽，乾为天，巽为风，天下有风，风伏万物，无物不遇，无物不触。爻象是一阴归来，阴遇阳，夏至之卦。以人事说，乾为天，为君主，风为政令，象征君主下达政令教化四方民众。

四五、䷬萃卦，萃，即聚集，聚拢。卦象是上兑下坤，地上有泽，正是汇聚流水之地，泽即地上水流汇聚而成，即为萃。卦德是下坤为顺，上兑为悦，内怀柔顺，自然他人乐于会聚，守正道而他人应和，是正确的相聚之道。而卦象上是泽在地上，有漫流之象，也有负面的会聚，所以，亦应有所防备。正如《象传》所谓：“泽上于地，萃。君子以除戎器，戒不虞。”君子要修武器，防止不测的事情发生。正是物以类聚，人以群分之道。

四六、䷭升卦，表示上升，卦象上卦为坤，下卦为巽，巽为风，为木，木从地下长起，即为上升。从卦德上看，下入上顺，生长顺利，无物阻拦。升卦启示人们，一个人如果有巽入而且柔顺的德行，他的事业一定是一路畅通，没有阻碍的。人生在顺利的时候，应该以柔顺的态度处之。

四七、䷮困卦，有困乏、困难、困穷的意思。上卦是兑，下卦为坎，水不在泽上，而在泽下，大泽呈干枯之象，所以，贫乏、困穷。卦德上显示，内坎外兑，内怀陷险而外显悦乐，就是要以欣悦的态度来对待困难。所以，《象传》：“泽无水，困，君子以致命遂志。”观此卦象，启示人遭遇困难，要有处困之道，人越窘困，志向越坚定，有难不逃避，见危不曲全，能舍弃生命来保全自己的志向。

四八、䷯ 井卦，象征水井。上卦为坎，为水，下卦为巽，为木，木在水下，有用木制容器从井中取水之象。水是人们用来饮用的，所以，井卦引申为滋养人的意思。井卦启示人们，水井有养育人的种种美德，人们要勤于修德，涵养品行，以惠人惠物。

四九、䷰ 革卦，革，去除兽皮上的毛，有革除的意思。卦象是上兑下离，离为火，兑为泽，呈泽中有大火烧干大泽之象，即有水泽变成桑田的态势。卦德下为离为明，上为兑为悦，内怀文明之德，外呈悦乐之貌，显示人们对正道革命的欢迎，说明事物发展到一定程度，必须变革，不变革就死路一条，所以，革除旧制，改换新颜，是顺乎天应乎人的好事。革卦显示了事物变革的一般过程。

五十、䷱ 鼎卦，鼎，烹饪食物的铜器，由烹饪而引申为调养的意思。本卦从外形上看像鼎，下面的初六，像鼎足，上面的离卦，像鼎耳，中间三阳爻像鼎体。卦象是上离下巽，离为火，巽为风为木，二者会意为木燃生火以烹饪之象。卦德显示，下为巽为顺，上为离为文明，上面君主有文明之德，下面百姓有和顺之意，有君主培养贤达与民同乐之意。整卦揭示了如何化生为熟、调剂成新的道理。应用人事就是如何治理行使权力、经营天下、自我革新。

五一、䷲ 震卦，震，动。上震下震，有雷震天下，巨响以威天下的意思，令人悚惧，启示人们被震动，要谨慎小心，才能亨通。

五二、䷳ 艮卦，两山相重，为兼山艮卦。艮为山，山体笃实坚厚，有稳定不移之象，所以有“风雨不动安如山”的说法。艮卦 ☶，是乾 ☰ 坤 ☷ 两卦相交，由初爻相交生震 ☳，中爻相交生坎☵，至上爻相交而生艮☶，上阳动至顶而止，下动过而变静，所以，有静止之象。艮卦告诉人们，要抑制私欲邪妄，有所不为。

五三、䷴渐卦，表达循序渐进的意思。卦象是上巽下艮，巽为风为木，艮为土为山，木生于山上。前面有升卦，是木生于土中，是植物的萌蘖时期，而此卦是木生于山上，描述的是高高大大，粗壮茂盛的树木，因为山上的树木长得小就看不到了。接续升卦来讲，高大的树木有渐生渐长逐渐长成的意思。所以，事物的生长都循序渐进，此卦意在于此。

五四、䷵归妹卦，少女出嫁的意思，妹，少女，归，出嫁，古时，对于女人来讲娘家不是自己的家，丈夫家才是家，所以，出嫁就是回家，叫归。卦象是上震下兑，震为雷，兑为泽，震雷响于上，大泽之物应之于下，雷响物应，声气相通，有和合之象。从人事上看，上为震为长男，下为兑为少女，震为动，兑为悦，男上女下，动而欣悦，夫妻欢愉和合之意。全卦揭示了阴以从阳，以阳为归宿，阴阳交合，天地万物生息繁衍的道理。

五五、䷶丰卦，有丰沛、盛大的意思。取象是上震下离，震为雷，离为电，雷电霹雳，电闪雷鸣，雷电互相激励，交感相协，声势震天，所以“丰大”。离为明，震为动，全卦以描述动、明相协来启示人们如何得失。卦德上，下为文明，外为震为动，内怀文明之德，外面奋发有为，才能成就大事。丰卦启示人们，如何做到丰大，以及如何保持丰大的道理。

五六、䷷旅卦，旅行，是人在旅途、客居于外的意思。卦象下艮上离，离为火，艮为山，火蔓延于山上，而流动游走，像人在旅途的情态。卦德上看，内为艮为止，外为离为文明，启示人们要内止私欲，外显文明，来对待陌生的环境，才能全身免辱。全卦揭示了人在旅途的各种情状，告诉人们应该处守柔道以应艰难的道理。

五七、䷸巽卦，巽，为风为木，卦德为入为顺，是王者命令的象征。单卦巽，一阴承二阳，从于二阳，显示柔顺之貌。一阳静沉于下，二阳来进，就是入之貌。巽卦，象征王命下达天下顺从，如风吹草低之象。总体描述了事物的发展中应该阴顺于阳的自然秩序。

五八、䷹兑卦，兑，即说，即悦。卦象是兑是泽，大泽有容纳万物，滋润万物丰茂生长，使万物欣欣向荣，呈现一片悦乐的气象。重卦的兑，是两泽相邻，互相滋润，互相增益，相谐相悦。但兑卦刚爻，代表刚直守下，悦色于人，不是谄媚，不是虚伪，而是表示友好。全卦描述了如何正确与人相悦的道理。

五九、䷺涣卦，一般解释涣为涣散、离散，观卦上意思不是此义。涣有文采之义。卦象上是上巽下坎，上巽为风，下坎为水，风行水上，水波涟涟，由水平静而散动，即有流散之象，而波光粼粼，水光闪闪，亦有文采之象。所以，《周易·序卦传》："涣者，离也。"离就是丽，即文采。全卦揭示了如何用好文饰的道理。

六十、䷻节卦，《说文》上说："节，竹约也。"古代有用剖开竹节作信物的习俗，所以，节，就是互相以信物相约束的意思，引申为约束之义。卦象上是上为坎为水，下为兑为泽，水本泽中，现却在泽上，水漫于泽，成灾成害，所以要节。卦德显示，内为兑为悦，外为坎为险，如果以遇事而节，就能以欣悦之心，来面对险陷。卦象揭示了遇事有节制、有约束，不过分的道理。

六一、䷼中孚卦，中孚，诚信的意思。卦象上中二爻为阴为虚，呈虚心之象，人虚心，则谦虚诚实。中间四爻为互震之象，震为竹，像两竹节相合，有以符节取信之意。下五爻与节卦一样，其意也一样。卦象上巽下兑，风行泽上，以泽纳风，似中虚而实有，取中心诚信之义。卦德兑为泽为悦，巽为风为谦逊，悦乐而谦逊，君子之德。全卦显示了诚信及何以至诚的道理。

六二、䷽小过卦，即有小的过越的意思。卦象上两阴爻，下两阴爻，中间两阳爻，呈飞鸟展翅飞动之象。上震下艮，震为动，下艮为足，亦飞鸟缩足震动翅膀飞动之象。飞鸟过山，不宜太过，宜稍过，宜适当，所以为小过稍有过越。全卦显示做小事的时候稍有适当过越也是合适的道理，即矫枉有时需要过正。

六三、䷾既济卦，既济，原义是已经渡过河流，比喻已经成功的意思。按说，这是人事中最吉利的一卦，谁人做事不想成功？卦象是上坎下离，水在上有下润之势，火在下，有炎上之势，所以，水火相交流，相辅相成，既济卦预示着成功。水火是不容的，水大则灭火，火盛则烧干水，如何把握火候，使之相得益彰，非常重要。全卦揭示出成功之后如何持守成功的道理。

六四、䷿未济卦，是六十四卦最后一卦，尚未成功启示一个新的开始，表明天道循环，周而复始之意。卦象是上离下坎，火在上，水在下，火向上蹿，水向下行走，互相背离而不交合，就不会成功。所以，《说卦传》上说："水火不相射。"

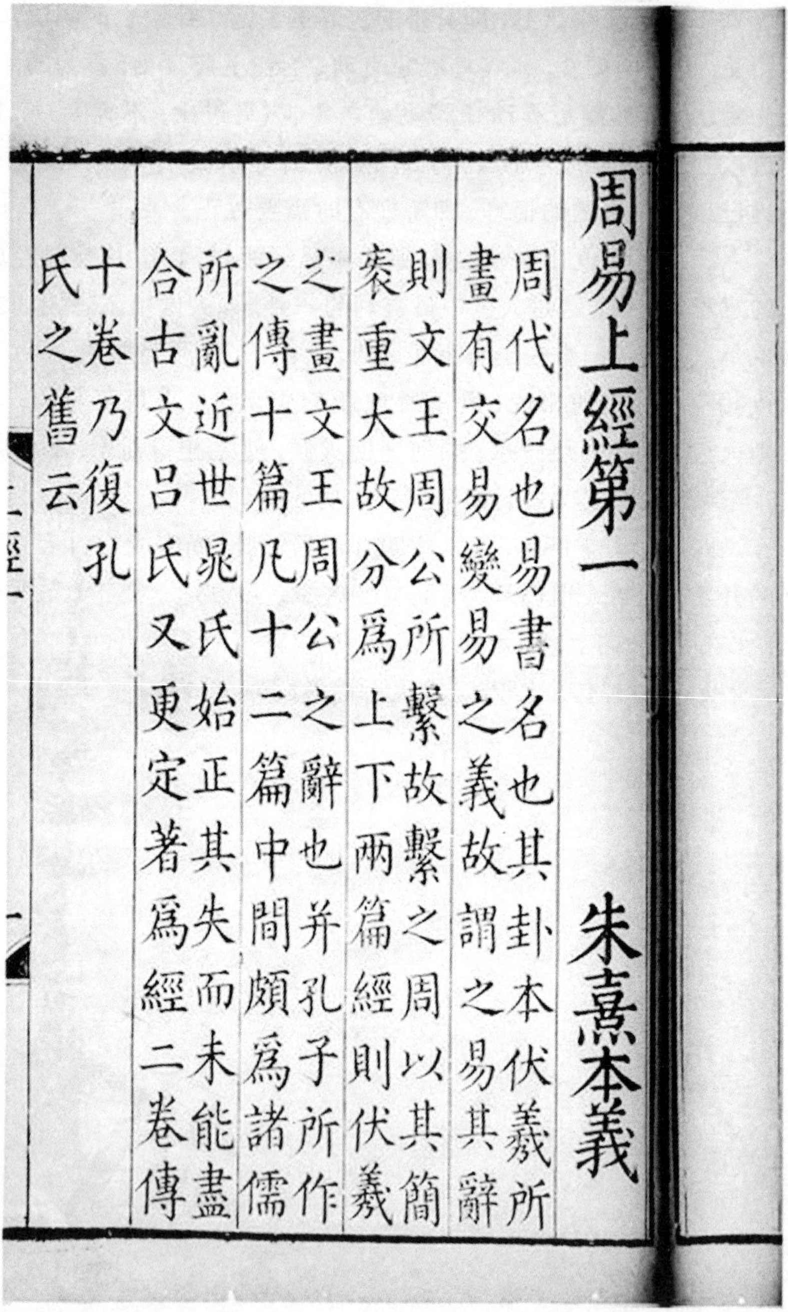

周易上經第一　朱熹本義

周代名也易書名也其卦本伏羲所畫有交易變易之義故謂之易其辭則文王周公所繫故繫之周以其簡袠重大故分爲上下兩篇經則伏羲之畫文王周公之辭也并孔子所作之傳十篇凡十二篇中間頗爲諸儒所亂近世晁氏始正其失而未能盡合古文吕氏又更定著爲經二卷傳十卷乃復孔氏之舊云

《周易本义》书影（据明仿宋刻本）

解爻的基本原则

《周易》解卦，有静态的方式，也有动态的方式。

静态的方式，只从下、上卦二者之间的构成情态上“会意”其卦意，从“卦象”的会意上获得启示：人在什么样的情况下，应该如何做。

动态的方式，则是从“爻象”上解卦。《系辞传》上说：“爻者，效天下之动也。”

《周易》用六爻位模仿了事物发展的整个过程，它把事物发展的整个过程分为六个阶段。动态地理解事物，是《周易》的精神实质——变易。事物在其发展过程中的每个小阶段上应该如何处理，才是观象获得启示的关键。

八卦或六十四卦，为什么爻位都是从下而上的顺序？

中国人是自然之子。八卦或六十四卦，为什么爻位都是从下而上的顺序？传统的说法是阳气动于下而上行，这也不没错，但气机总是抽象的，看不见摸不着的。

其实，最直接最直观的由下向上的秩序，就是植物的生长过程。植物的生长过程就是破甲、出土、弱生、上长、成熟、枯萎六个阶段。

植物的生长过程是中国人理解自然万物的根隐喻。中国人就是用这六个阶段比画了一切事物包括人类社会的所有现象，解开了变化之谜。

历史唯物主义认为，在人与自然的关系中，人处于主动主导的地位，似乎自然的东西都是被动的，人是能决定自然的。殊不知，人虽然对自然的改变是显见的，而自然对人的改变更深入且不易觉察，它是潜移默化、悄无声息的。中国人与植物的关系，就是这样，表面上看起来，人用自己的聪明智慧发明农业，种植庄稼，能够养活自己，好像是人定胜天，实际上，其思想早已被植物的精神给同化了。正如孔子所说："天何言哉？四时行焉，百物生焉。天何言哉！"老天不说话，但不管什么事，在人知道或不知道的情况下都做了。所以，天人之间，谁主导谁还是不能轻易下结论的。

实际上，六爻之间，不只是一个过程，而是一个整体。上下爻之间、远近爻之间，都有一种呼应的关系，这种呼应关系，显示着做事的妥当不妥当，吉利不吉利。

如上图所示，水雷屯卦，阳爻是九，阴爻是六，从下向上，爻位分别是初九、六二、六三、六四、九五、上六。

再如：

乾卦：

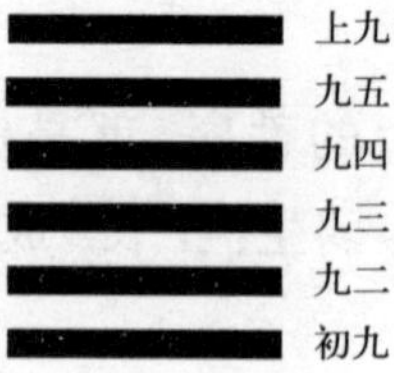

坤卦：

既济卦：

未济卦：

六爻位分阴阳：初、三、五为阳位，二、四、上为阴位，即奇数位为阳位，偶数位为阴位。

六爻位虽然可以被认为是从自然的植物生成过程提炼出来的，但它却成了描述其他事物的一般过程，具有了普遍性的意义。如它描述天、地、人的关系，下二爻位是地位，中二爻位是人位，上二爻位是天位。两爻分阴阳，表明天分阴阳，地分柔刚，人分仁义。在这个过程中，初位为本，上位为末。中间四位为“中位”，是《周易》展示自然万物无穷变化之道的核心所在。

初位是事物的发生阶段，难以预见其端倪，看不清其趋势，上位是事物发展完结，全部展示了它的样子，毫无隐藏。中间四爻，二与五因为居于中位，比较稳定，吉利，所以，“二多誉”而“五多功”。三爻在下位之上，四爻在上位之下，不上不下，极不稳定，所以，“三多凶”而“四多惧”。

六爻位亦可以描述人类社会的等级：初位代表在野无位的人；二位居中位，与尊贵的五位相应，代表非常具有潜力的人；三爻在下卦之上，努力向上跃进，极不稳定；四位居于君侧，伴君如伴虎，故非常凶险；五位是一卦之主，象征君位，最为尊贵；上位是象征失位的人，失位是比较凄凉孤独的。

大体上，爻占有以下几个原则与方法。

1.当位与不当位

当位就是阳爻居阳位，阴爻居阴位，或称“得正”。否则，都是不当位，不得正。如上面乾卦中初九、九三、九五就是当位，得正；

而九二、九四、上九则不得正，不当位。未济卦中所有爻都不当位，既济卦中所有爻位都当位。一般来说，当位则吉，不当位则凶。

《周易》尚“中”，上卦中位即五爻位，下卦中位即二爻位，都是善位。如果阴爻居二，阳爻居五，当位且中，则吉。即使不当位，如阴爻居五，阳爻居二，也吉利。但也有例外，即要看是否趣时，即“趣时说”，趣时则吉，不趣时则凶。

2.有应与无应

六爻远近之间，充满着相关性，就像人与人之间的关系，远有远的关系，近有近的关系，都互相影响着。在《周易》的六爻中就是有应与无应。有应就是一与四、二与五、三与六之间阴阳相反，如初为阳，四为阴，或初为阴，而四为阳，叫有应。反之，如果初为阴，四为阴，初为阳，四也是阳，叫无应，或“敌应”，即异性之爻相应，同性之爻相敌，这与现在的电学中的同性相斥、异性相吸的道理是一样的。

有应、无应之所以是指一与四、二与五、三与六之间的关系，是因为一与四分别是下卦与上卦的第一位，二与五分别是下卦与上卦的中位，三与六分别是下卦与上卦的第三爻位，它们位置相同，互相之间有对应关系。

3.比

相邻的两爻，就叫比。如初与二，二与三，三与四，四与五，五与上，都是亲比关系。如果一阴一阳两爻相邻，就是得比。

4.乘

爻位乘的关系是指，如果两爻一阴一阳，阴在上，阳在下，则此上面的阴爻对下面的阳爻，就是乘，有阴爻凌驾阳爻之上的意思，为逆比关系，自然不吉利。例如六五乘九四。

5.承

如果两爻位关系是上阳爻而下阴爻，从阴爻来看，就是承的关系，叫阴承阳，柔从刚，为亲比。例如六二承九三，自然吉利。

6.往来

六爻位之间的动态关系还表现在上下往来上。从下往上，称上；从上往下，称下；自下而上，称往；自上而下，称来。如贲卦《彖传》说：“柔来而文刚，故亨。”

此外，因为占卜时，会发生变卦，即占得的爻如果是老阳九就要变成阴爻，占得的爻是老阴六，要变成阳爻，所以，断卦时，就不能用本卦，而用变卦之变爻的爻辞来占断。如占卜取得一卦 ䷍ 大有卦，在爻的取得上，其他爻都是七或八，只有九三的数是从老阳九得来，它就必须变成阴爻，大有卦就变成了 ䷥ 睽卦，大有卦是本卦，睽卦是变卦，或称之卦，九三爻是变爻，占断就以变爻九三爻的爻辞占之。

宋代大理学家朱熹曾在他的《易学启蒙》中总结古代占卦例子，归纳出几条法则：

一爻变者，则以本卦变爻之爻辞占。

二爻变者，则以本卦二变爻之爻辞占，而以上爻之爻辞为主。

三爻变者，则以本卦及之卦的卦辞占，而以本卦的卦辞为主。

四爻变者，则以之卦中二不变之爻辞占，以下爻之爻辞为主。

五爻变者，则以之卦中不变爻之爻辞占。

六爻全变者，乾坤则以用九与用六之辞占，并参考其之卦卦辞。

其余六十二卦则占以之卦卦辞。

以上是根据爻象的具体情况进行的占断，这是易学的入门之处，基本的规则，熟练掌握，灵活运用，自然能进入易学玄奥的殿堂。

情境的哲学

人，无时无刻不生活在情境中。

你读书时，翻开的书本，香气氤氲的茶杯，柔和的灯光，美丽的帘布，轻松的音乐，漆黑的夜幕，墙角各种虫鸣的交响……构成了一个恬静的安适的情境。

你在野外旅行，突遇狂风大作，乌云翻滚，电闪雷鸣，暴雨滂沱，天色昏暗，兽惊禽骇……就构成了一个恐怖阴森的情境。

中秋之夜，习习的凉风，圆圆的月亮，陈列的果蔬，香甜的月饼，团聚的家人……就构成了一个其乐融融的情调和欢乐洽和的氛围。

总之，人，时时处在某种情境中，就像鱼在水中，人与其当下的情境浑然融合为一个整体。每个情境，都是一个完形的“格式塔”，组成情境的各个部分的搭配，就形成了一个基本的情调与情感氛围。

人与其生活情境之间的关系是互动的。表面看起来，人可以改变情境，实际上，人所形成的情境，其内在的情调与情感氛围对人有潜移默化、润物无声的暗示。人就在情境的情感氛围与情调中被移情易性了。还是孔子那句话：“天何言哉？四时行焉，百物生焉。天何言哉！”所以，大自然虽然不说话，但它无时无刻不在塑造着人的精神。

情境与人们的生活如此水乳交融，但还没有人自觉地把这种情境上升为一种哲学，《周易》就是研究这方面学问的哲学！

不管是先天八卦图式，还是后天八卦图式，都是对中国古人生活情境的符号化的模拟、抽象、提炼与概括。让无限复杂的多变的生活情境，变得简单易于掌握、领会，方便人们指导自己的日常生活。

实际上，从最简单构成《周易》卦象的最基本的元素阴阳爻来看，阴爻断裂，破碎，呈凶相；阳爻完整，刚健，呈吉相。这是人对自然情境、社会情境最基本的感受性的描述。《周易》尊阳卑阴，以阳统阴。构成《周易》情境模式的最基本的元素阴阳爻，都是根据人对生活情境的相反感受画出来的。

再者，三画的八经卦的构成本身亦是一个巨大的情境：上爻天位，下爻地位，中间爻是人位。而六爻别卦只是对三爻经卦的丰富与扩展，是又将三爻的天、地、人分出阴阳、刚柔与仁义。所以，《说卦传》上说：“昔者圣人之作《周易》也，将以顺性命之理，是以立天之道曰阴与阳，立地之道曰柔与刚，立人之道曰仁与义。兼三才而两之，故《周易》六画而成卦；分阴分阳，迭用柔刚，故《周易》六位而成章。”

六画卦，上两爻为天位，下两爻为地位，中间两爻为人位，是对八经卦的放大而已。

同时，在先天八卦图式中，八卦不但解释了天地万物及人类的起源与来历，而且其天、地、雷、风、水、火、山、泽等因素，亦构成了人类生活的大情境，周围是自然，中间的虚空之处是人。

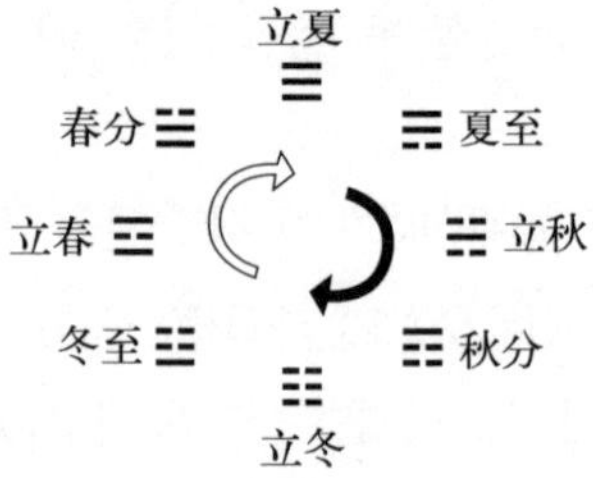

八节配先天八卦

这不但是一个空间的图式，也是一年四季阴阳消息的季节变化图式。每一卦都是一年中一个特别的图景。

后天的八卦图式亦是如此，它就是洛书的图式，东方震为木为春，南方离为火为夏，西方为金为秋，北方为坎为冬，是一个围绕着人旋转的四时循环的天文历法图式，八卦数是坎一，坤二，震三，巽四，乾六，兑七，艮八，离九，中间是五、十之位，是人位。

推而广之，由于人类生活的复杂化，八卦的模式不足以应付现实生活的更加复杂的问题，就不得不重卦，以增加对现实生活情境的图式数量，以应付更加复杂的问题。

前面我们对六十四别卦中的每卦都进行了简单的解析，从中可以看出，由八经卦的丰富的象征系统及其卦德，其间的互相交合，就构成了六十四个生活的情境模式。这样，就大大地增强了《周易》的解释能力。

在那个生活相对简单，生活情境相对单调的时代，这些基本能象征所有生活的基本情境，就发挥了它们未卜先知的功能。

那时人们解决的基本都是人如何向自然学习的问题，自然教给人怎么做，才能趋吉避凶，大体上，都是自然物对人显示出来的吉凶。如䷋否卦，上天下地，天阳上行，地气下行，互相背离，就是凶卦。如䷮泽水困卦，上泽下水，水在泽下，泽呈干涸之象，即困。

社会在发展，人心越来越复杂。人与自然的矛盾退后，人与人之间的矛盾突出。人面对人的矛盾，比面对自然的矛盾，变得更加不确定。因为自然还有规律可循，而人则是完全自由的。正所谓天道好还，人心难测。

六十四卦共计三百八十四爻，所以，《周易》以动爻的方式，又将六十四种情境模式，扩展到三百八十四种模式。用六爻位来象征人类社会的阶层性，与人的自我发展的阶段性。

其中，每一卦中的每一爻位，都是一个具体的独特的生活情境模式，再加上爻位的相互关系，如（1）上下往来，这是描述过去与未来的互动关系；（2）消息盈虚，这是描述阴阳二气，正负能量的消长状况；（3）乘承比应，是对人与人等复杂的社会关系的概括描述，还有内卦的交互等等，使《周易》的象征模式无限丰富起来，从而，对人类未知的命运也产生了无限的解释力，使人在复杂的情境中，有所依靠。

如前面所言，六爻位亦可以描述人类社会的等级：初位代表在野没有位的人；二位居中位，与尊贵的五位相应，代表非常具有潜力的人；三爻在下卦之上，努力向上跃进，极不稳定；四位居在君侧，是老二之位，老二难干，非常凶险；五位是一卦之主，象征君位，是最为尊贵的位子；上位是象征失位的人，失位是比较凄凉孤独的。例如：

节卦 ䷻，卦辞为：亨，苦节不可，贞。

《说文》上说："节，竹约也。"古代有用剖开竹节以盛信物的习俗，所以，节，就是互相以信物相约束的意思，引申为约束、守信之义。

节卦初、二、五为阳爻，三、四、上为阴爻，刚柔各半，且九五以阳爻居上卦中位，刚直中正，能秉持节制之道。所以，本卦阴阳调和，主持有力，亨通。反之，如果“苦节”，即不好的节制，就不会持久坚固。节制太过，即成刻薄，所以，“苦节不可，贞”。本卦讲述了恰当节制的道理。其爻辞解释分别为：

初九，不出户庭，无咎。

初爻之位，是事情发展之初，这个时候不宜乱动。爻位警示人们，不要轻易出门，以节制行为，初九以刚爻居阳位，得正，阳好动，且与上四相应，有应必上行，容易急于冒进。再者，易理上说，上行时遇阳则阻，遇阴则通。初九正遇九二，阻塞不通，所以，不能上行，不出户庭，就没有害处。

九二，不出门庭，凶。

二爻位，是事物上升时期，当动则动。九二以刚爻处于阴位，本不当位，不得正，显示人行为失当，再者与上九五不应，为敌应，上面反对，这是不利的方面。虽然如此，但九二前面遇六三、六四二阴，呈顺通之象，还是应该抓住时机前行，离开不当位的尴尬处境。所以，“不出门庭，凶”。九二告诉人们，要抓住时机。

六三，不节若，则嗟若。无咎。

六三，阴爻居阳位，不得位，上无应，处其情境极不吉利，但自觉地明白了自己的处境，嗟叹此境不妙，不节不行，自然行为就有了节制，行为有节制了，就“无咎”。

六四，安节，亨。

六四处上卦下位，虽然其位不甚妙，但以柔爻居阴位，上承九五之尊，柔顺得正，一切听命九五，所以，"安节"。且下与初九相应，上下往来贯通，如鱼得水，所以，做事亨通。

九五，甘节，吉。往有尚。

甘节，甘即美即好，甘节与苦节对文。九五阳爻居上卦中位，处于尊位，下乘二阴，阳刚中正，光明正大，统领全卦，坚刚守节，所以，美节，吉利。爻在外为"往"，往而得尊位，当仁不让，有所推尚。

上六，苦节，贞凶。悔亡。

上六居于节卦的顶端，事物发展的顶峰，物极必反的地方，且下无以应，甘为美，而苦为恶，所以，苦节，为凶。但上六阴爻居阴位，得其正位，所以，也没有悔恨。

由此可见，六爻卦的上下六爻位，每一位都是一个事物生长过程的具体情境，因其在不同的阶段上，而具有不同的意义，也具有不同的象征。也就是这些不同的象征意义，给需要的人以智慧的生活启示。

我们讲《周易》的情境哲学，是想用最通俗最现代的表述方式，让人们明白《周易》的情境模式，就是对人们现实生活纷繁复杂、无限丰富、千奇百怪的具体生活情境的抽象掌握，而变成一种普遍的范式、公式。

实际上这就是《周易》中常说的"时位"观。但说情境比较具体、形象，而时位则略显抽象。时，即时间；位，一是指空间，一是指社会的地位。《周易》以时间为主，统领人所处的自然空间与社会地位，人与事物的一切活动阶段（即“位”），都在“时”上展开。所以，《周易》中的每一卦、每一爻，都是一个时位，一个情境。初爻位，为时；上爻位，为位。时在下，位在上。二者处于一卦之中，表示时位一体。《周易》以下卦为贞卦、正卦、内卦，上卦为悔卦、末卦、外卦。一卦六爻，就是表示一个时间过程的六个不同位别，六个不同的具体情境。

就整体的六十四卦来说，它也是一个时间的整体，一个自然变化的完整过程，而每一卦则是其中的一个“位”。如六十四卦中，乾坤之后的六十二卦就是连续的过程，第三卦屯，是事物的破甲出生，第四卦蒙，事物渐渐生长，第五卦需生长有所需，第六卦讼，事物生长需有所争必生讼，如此等等，就是在描述一个事物发展的完整过程。

就具体的每一卦来说，每一卦相对来说是一个完整的“时”，而六爻相当于不同的“位”。《周易》即是凭借着卦爻时位的变动，模拟着人在现实生活中的各种变动中的情境，启示着人们如何妥善地因时因地处理好为人处世之道。

所以，这是一种非常高明的思想。

学习的人

天地万类人为贵。

人的可贵在于人有自知之明。

人的自知之明在于人能认识自己，研究自己。没有这一点，人就会活得稀里糊涂，昏天黑地，就会万古长如夜！

但是，不同的民族、不同的宗教，对于人的认识都不一样。他们就照着自己认为的“人的那个样子”去生活。

世界各族，对人自己根本性的认识发生在“轴心时期”。

这是德国哲学家雅斯贝斯很著名的观点。他说在人类历史上的公元前二世纪至八世纪之间，不论是东方，还是西方，都不约而同地出现了令人震惊的伟大的文明勃动，产生了一大批人类的精神导师，如古希腊出现了一大批奠基性哲人，如毕达哥拉斯、巴门尼德斯、赫拉克利特、德谟克利特、苏格拉底、柏拉图、亚里士多德等等，希伯来亦有了犹太教的先知们，印度出现了释迦牟尼佛，中国则有了老子、孔子等先秦诸子。

轴心时代，确是人类精神发展史上的极大突破。以后，人类一直靠轴心时代所产生的思想和创造的一切而生存，每一次新的飞跃都要回顾这一时期，并被它重新燃起新的文明的火焰。

西方人对人的认识与中国人的一大不同，就是中国人反对人是动物，把人说成是动物，这是在骂人，如“畜生”；而西方人一直认为，人就是动物，除柏拉图、亚里士多德外，后世学者关于人的定义还有很多，如：卡西尔说，人是符号的动物；精神分析学家说，人是患了精神病的动物；达尔文认为，人是进化的动物……不一而足。

现在的中国人基本接受了人是动物的说法，而忘记了祖先对人的理解，同时对西方价值观又没有真正领会，没有全面地理解，不知道什么是人，不知道人的意义是什么，活得到处不遭人待见，被人鄙视。相反，在那个被认为是愚昧和野蛮的远古时代，我们的祖先对人性的认识反而非常深刻与独特，即使在今天看来，他们也是正确的。

事实上，像《周易》这样的元典性的著作，就事论事地讲它，是讲不清的，因为“只缘身在此山中”。只有把它放到人类思想文化的大视野里去，与其他文明的思想文化进行纵横比较，才能真正看清它的与众不同。

前文有言，《周易》八经卦的三爻结构，与六十四别卦的六爻结构，都是天、地、人三才，人居天地之间的模式。华夏文明自一开始就赋予人，这种万类中最具灵性的生物一种顶天立地的独特地位。

三才之中，天、地是不依不靠的，是自然的存在。老子说“天地不仁，以万物为刍狗”。三者之间只有人必须依靠天地才能存在，但他亦是三者之中的能动者，他必须充分发挥自己的主观能动性，极力调节自己，学会如何在天地之间生存。所以，中国人对自然的态度，从来都是感恩与学习。

所以，我们的祖先没有以理性作为本质的现代人征服自然的狂妄。

正如宋代大儒张载所说：

乾称父，坤称母；予兹藐焉，乃混然中处。故天地之塞，吾其体；天地之帅，吾其性。民，吾同胞；物，吾与也。

中国古代知识分子顺天地性命之理，尊天法地，形成了其怎样博大宽广的一种胸怀？！中国人是真正的天地之子！

在八卦三爻及别卦的六爻卦的三才中，没有安置其他生命的位置，突出了人类自己的重要，这里似乎原初地表明了中国人对人的观念强调着的人与动物的不同：人就是人！这是人类在自然中对自己的高度自觉。显示了远古的先民区别人与动物的清醒的头脑。

它理性地回答了所有人类对自己起源的疑惑，回答了人从哪里来的永恒疑问，标明了人不是神创的，是无所依傍的，是自由独立的，本无所谓基督教中所说的人的罪感、恶感。人应该是快乐的。正如一首上古的歌谣《击壤歌》所说：

日出而作，
日入而息。
凿井而饮，
耕田而食。
帝力于我何有哉？！

这就是上古的先民，顺应自然，独立自强！慷慨，豪迈，自信，自主，自立，自由！是真正的自然之子！

数千年来，有见识有见地的知识分子知道顺天地性命之理，尊天法地，故而形成了博大宽广的胸怀。

再者，《周易》所显示的人类为自然之子，只是一个未定的存在，一个还有待形成其本性的存在，一个充满潜质、有无限可能的存在。这也就是西方存在主义所认为的：人，是未定的。这与《周易》在卦象中对人的定位一致。故而人的品质是高贵的，其高贵之处在于人的内在精神的自我生成，会自觉地向自然学习，立足于大地，而向天空生长，在向自然的学习中涵养着其博大、深沉、纯朴、灵敏的精神。

所以，《周易》中的人，是学习的人。

《周易·系辞下传》说：

> **古者庖牺氏之王天下也，仰则观象于天，俯则观法于地，观鸟兽之文与地之宜。近取诸身。远取诸物，于是始作八卦，以通神明之德，以类万物之情。**

远古的圣王，没有至上神的帮助，自己动起手来，上取法天，下效法地，向万物学习，向自身学习，远观近瞧，博观约取，描摹万物的情状，通达人内在的精神性灵，创造出了自然万类的图像模式，方便人们即使离开了自然，也能临象获得自然的启示。《周易·系辞上传》还说：

> **是故法象莫大乎天地，变通莫大乎四时，悬象著明莫大乎日月，崇高莫大乎富贵。备物致用，立功成器，以为天下利，莫大乎圣人。探赜索隐，钩深致远，以定天下之吉凶，成天下之亹亹者，莫大乎蓍龟。是故天生神物，圣人则之；天地变化，圣人效之；天垂象，见吉凶，圣人象之；河出《图》，洛出《书》，圣人则之。《周易》有四象，所以示也；《系辞》焉，所以告也；定之以吉凶，所以断也。**

这里自然的天地、四时、日月，人间的富贵、尊卑，都是圣人取法的对象，圣人以之所发明的蓍龟、河图、洛书，以及法则天地万物的易象、系辞，都成了人们学习、效法的对象，为人们的精神源源不断地输送着能量。

卦象是模拟自然万物形、德的，爻是描述自然万物变化的，在卦象爻象中，就存在着自然变化的吉凶祸福、悔吝休咎。通过前文我们对六十四卦的会意，以及变爻的解释，就可以看出，《周易》就是象启的智慧。上古的先人在天、地、雷、风、水、火、山、泽的八卦之象，及其健、顺、动、入、陷、丽、止、悦的卦德无限自由的排列组合里，象征出了无限的意义，启示着人们如何应对生活中无限复杂的疑惑与困境。

这里，没有神明的声音在耳边明确地告诫，只有大自然渊深博广的默默暗示，以及人对自然暗示的聪明而默契的领悟。

故而，《乾文言》说：

> **夫"大人"者，与天地合其德，与日月合其明，与四时合其序，与鬼神合其吉凶。先天而天弗违，后天而奉天时。天且弗违，而况于人乎？况于鬼神乎？**

《坤文言》说：

> **天地变化，草木蕃；天地闭，贤人隐。**

天地的变化中，阴阳和合，万物滋繁，贤人应该出来用事；天地在闭塞不通中，贤人应该归隐避世。人唯以天地自然的启示来安排自己的行动。他们在向自然的学习中，充实着自身，塑造着肉体与灵魂，成就着自己。

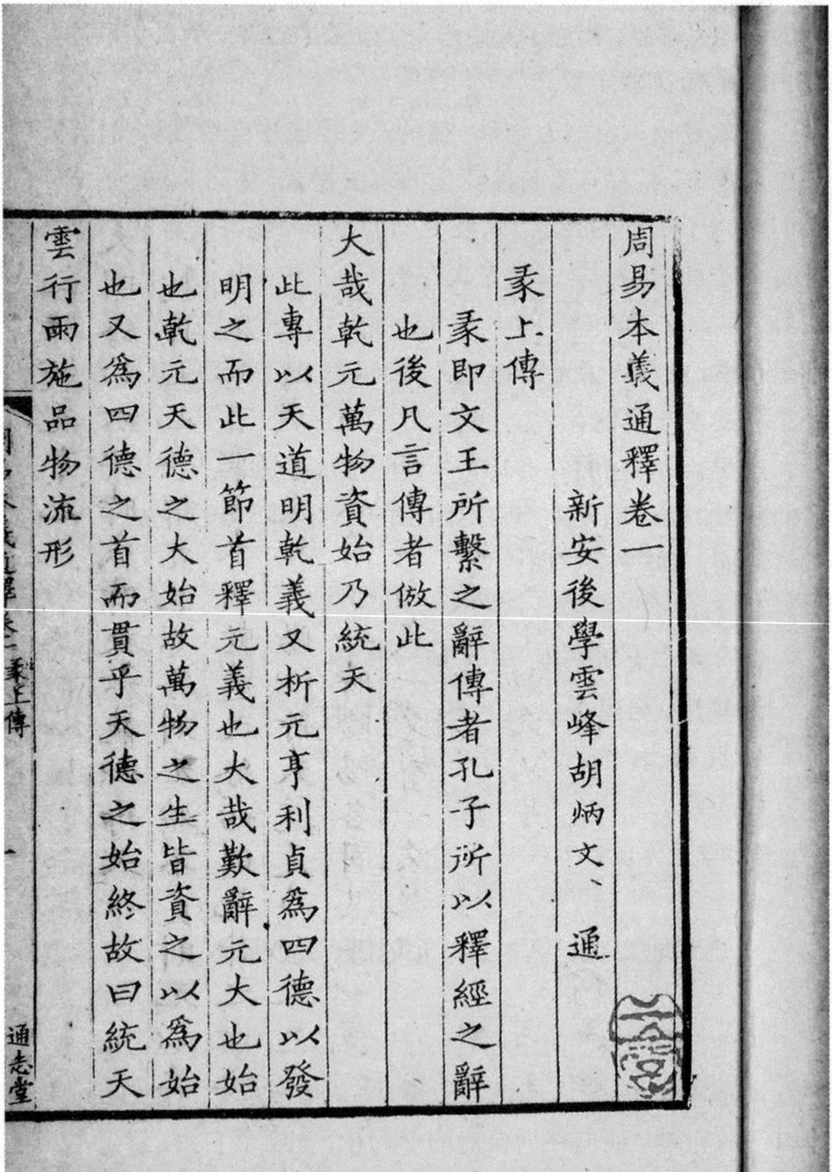

周易本義通釋卷一

新安後學雲峰胡炳文　通

彖上傳

彖即文王所繫之辭傳者孔子所以釋經之辭也後凡言傳者倣此

大哉乾元萬物資始乃統天

此專以天道明乾義又析元亨利貞為四德以發明之而此一節首釋元義也大哉歎辭元大也始也乾元天德之大始故萬物之生皆資之以為始也又為四德之首而貫乎天德之始終故曰統天

雲行雨施品物流形

周易本義通釋卷一　彖上傳　一　通志堂

《周易本义通释》书影（据清康熙通志堂精写刻本）

忧惧的人

欧洲现代主义的一个极为流行的哲学流派，就是存在主义。海德格尔讲他研究的是哲学探究的最高问题“存在”，可惜历代的哲学家都没有真正认识到“存在”的样态，都把具体的“存在者”当成了“存在”来研究，所以，陷入混乱。如把存在当成一个概念，只是众多的存在者中的一个，不知道存在是充满生机的活泼泼生息之源。

如何把握“存在”？

不能通过其他的“存在者”理解“存在”，只有通过能对“存在”问题提出疑问的“存在者”——人，才能理解“存在”，因为其他的存在者，都不能对“存在”提出疑问。所以，就要通过“人的存在状态”来研究“存在”。

存在主义真实地描述了人的存在的真实处境，烦、忧、操心。人生虽然毫无道理地被生到、被扔到这个世界，还要面对无限的生存问题，面对无限的选择，人就在这样多的选择中，行动中，形成着自己。所以，人是未定的存在，它是自由的，它要成为什么，那就看它选择什么，选择亦是自由的。它选择什么，朝向那个什么成长，它将是什么。所以，这就是那个存在主义著名的命题：存在先于本质。

《周易》中，万类的存在都在天地之间，都是从大地向天空生长；人在天地之间，就是此时此地的一个独特的“此在”，这就是人真实的存在处境。

天与地是人生存的边界，但天和地不为人的生存而改变自己，人在其间，必须调适自己以适应天地对自己的限制与制约，天地万物为他们提供着资粮，让他们悦乐。他们从情感上保持着与天地原生态的交流关系，天地都会给他们提供情感的、心理的支持，他们顺应自然，不敢逆天。在天地为他们设定的动态的各种生存情境中，他们趋利避害，充满着担心，心怀着忧惧，小心地选择着道路。

《周易》充满着忧虑，所以，《易传》上说：

《易》之兴也，其于中古乎？作《易》者，其有忧患乎？

作“易”者确实满怀着忧患，忧患是“易”的主题，忧患是人处于天地之间生存的真实心态，即充满危机感。心中常常有危机感，谨慎小心，才能使危险转化为平安。不谨慎小心，把事情看得很轻易，就容易倾覆灭亡。

时时处处的危机感，与在危机中的小心持守，是“易”的基本精神之一。

在六爻卦中，《易传》对人的生存处境的描述更为详细：

《易》之为书也，原始要终，以为质也。六爻相杂，唯其时物也。其初难知，其上易知，本末也。初辞拟之，卒成之终。

若夫杂物撰德，辨是与非，则非其中爻不备。噫！亦

要存亡吉凶，则居可知矣。知者观其《彖辞》，则思过半矣。

二与四，同功而异位。其善不同，二多誉，四多惧，近也。柔之为道不利远者，其要无咎，其用柔中也。

三与五，同功而异位。三多凶，五多功，贵贱之等也。其柔危，其刚胜邪？

《易传》上说，《周易》这本书，就是描述事物发展的整个过程的，六爻的时位，正是描述事物形成过程中各段的具体处境的。

六爻的初爻，象征事物的开始，事物起始，前途未卜，不能看清它未来的情形，等于什么都不知道；上爻象征事物发展之末，是事物已经形成，一切已经结束，虽然能看清事物的整个面目了，全都看明白了，但也晚了，没用了，还有什么意义呢？这就是初爻与上爻所表示的事物生灭的本、末的意义。

所以，事物发展最重要的是中间阶段。分辨是非，判断形势，全在这变化无限丰富的中间的四爻。

而要想了解自己的生存处境的存亡吉凶，坐在那不要动，《周易》就能告诉你！卦辞都是根据一卦之象，来判断一卦的吉凶，所以，聪明的人一看卦辞，事情就明白一半了。

二、四爻位，因为都是偶数位，都是阴位，阴就要柔顺，所以，二、四位都要以柔顺为事，即二与四同功。但二爻居于下卦中位，四爻居上卦之下位，所以，二者却异位。

二与四虽然同功，但吉善不同，第二爻辞显示多誉，第四爻辞显示多忧惧，因为爻位有远近不同。第二爻在内卦在近处，所以多誉；第四爻在外卦在远处，所以多忧惧。这两爻要以柔顺做事，柔之为道用于远者，容易招致凌辱，所以，第四爻位多忧惧。第二爻居内卦中位，且有柔顺之德，所以，没有危害。

三爻与五爻都是阳数，阳为刚，所以，都是阳位。处于阳位，则刚健自主为事，所以，三与五同功。但第三爻在下卦之上位，不是正位，而第五爻居上卦中位，二者不同卦，不同位，所以叫异位。

三爻位偏，处卑贱之位，而又刚健自主，所以，爻辞多凶；第五爻居上卦中位，处尊贵之位，宜刚健自主，故爻辞显示多功。这两爻多凶多功的差异在于所处者位的贵贱不同。三、五皆阳位，阴爻柔顺居之，则充满危险，阳爻刚健居之，就好多了。

这里值得注意的是，在六爻的中间四爻中的三、四爻位，三爻在下卦的上位，四爻在上卦的下位，在六爻中，三、四爻位是三多凶而四多惧，而三、四爻位在六爻位中，正是天、地、人三才的人位。人位处在上不着天、下不着地的中间，不上不下的处境，十分不确定，心中充满了忧惧与凶险。

三、四之位对人位的定位，在传统的思想中，把在这种尴尬的生存处境的人，称为"不三不四"的人。其先的"不三不四"并不是什么贬义的称呼，不是指人的不正经，不着调，而是指人在不定的生存处境中的不定性。这是"易"象对人位生存处境的真相的象征性的描述。

即使在人间，亦是如此。"列贵贱者存乎位"，这就是六爻卦中间四爻的意义，人间的尊卑贵贱，都显示在卦象上，而由尊卑贵贱的交叉互动所产生的吉凶悔吝，也都在卦象上呈现。人生的各种生存处境，在这里以模式的形式，都展现了出来，人面临什么样的生存情境，该如何处理，就十分清楚明了了。

忧惧与悔吝是人生的常态。《周易》对此不作过多的解释，在卦象上就给你显示出来，让你一望便知。

《周易》中，人实际上永远都处于正在形成之中，所以，人是未定的，没有本质。所以，中国人对事物从不下定义，一切皆流，一切皆变，没法确定。

《周易》讲人的生存处境，注重充满生机活力的刚健之阳，这是万物生生不息的最根本的驱动力，它有最充沛的力量，它的生发无可阻止，它是天地间的正气，是至纯至刚至健的无与伦比的不可战胜的善。它的生长有一个螺旋上升的过程，往而又复，无限循环，所以，《易传》说："天地之大德曰生。""生生之谓易。"

《周易》给人以无限的希望。天地间的人并没有感到自己被毫无道理地抛入这个世界的荒诞性，虽然忧惧是人生的常态，在天地间，在尊卑间，他们随时自觉做出自己的选择，但有天地在，他们也不会随大流而沉沦。所以，他们遵从"天行健，君子以自强不息"的训诫，丰富着自己，成就着自己，向上生长着自己。

故而，《周易》中的人，不像存在主义的人生的灰暗与"向死而在"的悲壮，他们充满着希望，向生而生，阳光灿烂。

虚中的人

《周易》的人，是丰富的，他们不但是学习的，忧惧的，而且更是虚中的。这就是影响深远的中国人的“中”的思想。

中国人尚“中”，“中”从何来？内涵何在？答案都是《周易》。

首先我们看最早的八卦，八卦中天、地、雷、风、水、火、山、泽，皆物。

人在何处？

人在天地间，却无位。

再看先天八卦图，八卦围成一个球，人在球的中间，没有显示——中间是空的。

然后看后天八卦，后天八卦所显示的，是四时运行，人的居所就在东南西北的空间之中，以及春夏秋冬的时间之中。

在六爻卦中每一爻位都可以是人位，人就在人间的复杂的尊卑贵贱关系体系之间，每一爻位都描述着一个人或一个族群的生存处境，充满着复杂的往来变通的交互关系。

人在每一爻位上，也都是动态过程的一个时位，都有上下、前后、左右与平行者，即人都是居中的。

《周易》十分重视内卦的中位与外卦的中位，即二、五爻位，命名为“中”。两者象征做事，正当其时，不偏不倚，行为持守中道。凡阳爻居之，为“刚中”，凡阴爻居之，为“柔中”；凡阴爻居二位，二位为阴位，即阴爻居阴位，阳爻居五位，五位为阳位，即阳爻居阳位，为“中正”，是既得位，且得中，这种情况在《周易》的爻位中是最为美善、吉利的。以得“中”之爻与得正之爻相比，得“中”更为重要。

所以，《坤文言》中说：

君子黄中通理，正位居体，美在其中，而畅于四支，发于事业，美之至也！

在《洛书》中，东方代表春天，为青色；南方代表夏天，为红色；西方代表秋天，为白色；北方代表冬天，为黑色。地色为黄，黄色在五色中居中，其数为五，居中位，君子中德在内，通达事理，正当其位，美好的品德就在如此美好的环境中熏陶而成，美好的品德体现在行为的一举一动中，发扬光大于美好的事业上，这是人生最美的境界！

这正是中国“尚中”思想的源头。

前面我们说《周易》是情境的哲学，即描述了人总是在情境之中的，《周易》就是用卦象来模拟人在情境中的生存状况的。

《周易》所描述的人，是尚“中”的。

因为居中，就会有安全感，居中处世不过分，就会有周旋余地，生存就会表现出极大的弹性。人只有在中间，才能对周围环境充分地掌握，充分地熟悉，人在熟悉的被掌握的环境中，就不会感到不安全。

居中思想即是一种安稳意识，所以，它便成了中国人缺乏冒险精神的原始依据。

那么，这种“中”的观念的内涵是什么呢？一个字：虚！

“中”是没有内涵的，是虚无的。所以，在先天八卦中，人位是虚的；在后天八卦中，六十四卦中，以及在六爻卦上代表人位的每一爻位中，人位都是不确定的，未定的。

尚“中”的人是虚的，他们没有本质，一直在形成之中，在成长之中。

中国古代有个词叫“盖棺定论”，这个词是说，对一件事情，没有到事情最后完结，或没有发展结束，你就不能发表看法，因为它还在变化，任何过早的评价都可能会随着事情的变化而变成错误。只有事情结束了，一切皆完了，对之才可以“指手画脚”。不盖棺就不能定论，这也表示出中国人从《周易》中而来的智慧体现在对事物的认识态度：要随变而迁，求因循，但不固执。正是因为人是虚中的，所以人才有无限生长的可能，才有无限成长的空间。

《尚书》中有这样的话：“人心惟危，道心惟微。惟精惟一，允执厥中。”基于人心的危惧、峻直、易冲动、易出错，致使道心微细难明，所以，更需要持守“中道”，谨慎小心，精察人心、道心，不相混杂，守心持正，以道心主人心，不可须臾松懈，才能使危险变安全，使事情微弱难明的苗头，变得清楚显豁，这样允执厥中，做事就不会有差错。这几句话，深得《周易》的精髓。

“谦受益，满招损。”所以，不管是道家，还是儒家，都重视虚“中”的思想。

什么是“中”？

儒家著作《中庸》讲：“喜怒哀乐之未发，谓之中；发而皆中节，谓之和。中也者，天下之大本也；和也者，天下之达道也。致中和，天地位焉，万物育焉。”在这里，“中”，就是人心未动的状态，什么情感、想法、欲念都没有的虚灵明觉的状态，就是“道心”的状态。体“中”做事，一切自然而然，无心而合宜，不出差错，神妙精微。

老子说：“天地不仁，以万物为刍狗；圣人不仁，以百姓为刍狗。天地之间，其犹橐籥乎？虚而不屈，动而愈出。多言数穷，不如守中。”

天地与圣人，无所偏爱，把万物与百姓都看成是自然的，无心对它们行仁。天地就像个大风箱，看起来里面什么都没有，可是鼓动起来，生生不息，万千事物都从中出来了。

所以，虚中的心，不是什么都没有，而是什么都有。所以，不要说得太多，说得太多，人容易陷入窘境，还是持守虚灵明觉的“中道”为妙，在守“中”时，人的头脑最清楚、最明白，体现出的才是真正的智慧。

“居中”的人与佛教的人

《周易》的人立于天地之间，是天地之子，靠自己的觉悟，独立自觉，由大地向天空生长，这样的生活状态看似忽视了神灵的世界。实际上，中国古人的生活中亦有神灵的世界，只是在当时主导性的思想中，人，才是主要的。所以，《礼记》中有“人者，天地之心也，五行之端也”的说法。

这种不定的居中状态，决定了人是自我成就的，就是自己成就自己，没有依靠。向上生长，效法天德，光明刚健，效法地德，博广宽厚，向自然不学坏的，只学好的。

真的不知道，原初的中国先人，头脑怎么这么清醒，大自然中，那么多的诱惑，他们只是靠了人自己的悟性自觉，而没有受到恶的诱惑，这也是不可思议的。《周易》中竟然没有恶！更没有佛教中的魔王波旬，也没有基督教的魔鬼撒旦，这些引诱人干坏事的东西。中国的古人无视恶，看不到恶，直奔生生不息的光明刚健的善而去，向善生长，向善成就。

这就是中国人道德所拥有的自律性与乐观向上、积极进取的精神源头。

当然，自律也有缺陷。

虽然自律的好处是，人能自己做主，自己做主的人就会有清醒的自觉的头脑，不容易上当受骗，有良好的自觉意识。许多时候，人靠自己约束自己，力量常常显得不够。遇到引诱，人也容易自我放纵。自律，显得不太坚固。信教皈依，只要人是向善的，也不是什么坏事。不同信仰的人，需要互相理解，更需要互相尊重。

比起《周易》“居中”的人来，佛教的人也是“居中”的。但佛法讲述的人的背景，更为宏观、广阔！天地够广大的了，而佛教中的世界更是无限。这个宇宙是多层的宇宙，里面生活着有形的无形的各级各类的生灵。人，只是“六道”苦难生灵中的一种。

佛教中的人是怎样的“居中”状态呢？

按佛教的说法，六道之外，世界广阔；六道之内，从无始劫以来，无数的生灵生活于其间，随着自己的“业力”，在这里沉浮轮回，遭受着煎熬、苦难。这六道里，从下向上有地狱道、饿鬼道、畜生道、阿修罗道、人道、天道。地狱道、饿鬼道、畜生道是三恶道，加上阿修罗道为四恶趣。人道与天道，为善道。

地狱道中都是罪大恶极的生灵被惩罚的地方。地狱不止一个，根据人们的罪恶不同亦有不同的地狱。最黑暗的最痛苦的就是无间地狱，又名阿鼻地狱。无间地狱苦难最长，生灵于其中受苦，没有间歇，故名无间地狱。地狱众生纯苦无乐，而且寿命极长，可与天人相比。寿命越长，所受的酷刑与痛苦就越久。天人都希望长寿，地狱众生但求速死，但求死不能。等到地狱众生罪孽受报结束以后，还要身受余报，先是生到饿鬼道，鬼寿尽后，又出生在畜生道，畜类命终，才有可能再生为人。即便是出生为人，也是身体残废贫贱之人，往往因为过去所形成的恶习，继续作恶，而导致再次堕入地狱，以致恶性循环，无有出期。

而天道的众生称为天人。欲界、色界的天人有色身，色身很美妙，而且高大，寿命极长。人类的色身是由粗重物质构成的，天人的色身是由细微物质组成的，犹如光体，故身量高大而没有障碍。天人出生时还会自然报得各种神通。但当他们福报受尽，亦会重新落入恶道。

人道，也就是人类。

人者，忍也，是指人能安忍世间苦乐之境。人类的意识，能够理解深奥的哲理，所以人类创造了灿烂的文化。人的寿命不过百岁。生而为人，是因为他们的前生，能够行善积德，不残害生灵，尊重法律和社会公德等。

在六道中轮回的生灵，此生为鬼，可能下生为畜生；此生为畜生，可能下生为人；此生为人，可能下生为天人；此生为天人，下生可能进入恶道；等等，如此沉浮轮回。众生虽然形状各异，但轮回的本质没有变。六道轮回，苦海无边。

六道众生，因为身体的构成不同，生活在不同的时空中，互相隔离，不能全部了解生命的本相，再加上各种恶行恶性令心智变得更加愚蠢，自己没有参透生命真相的能力，就要在苦海中饱受轮回之苦。甚至有了佛陀的引导，许多众生也不相信他们看不见的世界的存在，仍然处于无明之中，在六道之中往返来去，成为永远的没有生命目的的痛苦过客。伟大的佛陀参透了生命的真相，所以，他是大彻大悟的人，他是众生的灵魂的导师，他要引领众生走出六道，出离苦海，摆脱轮回。

而在六道之中，最适合学佛修行的是人道。佛教中讲“人身难得”，生灵在六道中，不知道要轮回多少劫，才能进入人道变成人，转生为人也是极大的福报。脱胎为人，正是走出六道的大好机会。可是，不是所有人都能有机缘遇到佛法，所以，佛教讲“正法难遇”。

更遗憾的是，即使生灵进入人道，变成了人，遇到了佛法，也未必有缘对佛法生起信心。与佛法擦肩而过而失去了脱离苦海的机会后，不知道要经过多少劫才能再变为人。即使变成人，能不能遇到佛法，即使遇到佛法，能不能生起信心，那又都茫然未知了。

人，是天地间的精灵，万类的灵长。《周易》里表述得没错，但那只是人间的。人的眼界比起佛的眼界来还是太小了！

天地间的人还是自私的，只为其一类——人类而生，但是他们不知道他们与其他的生命的连体共生，所以，他们还需要觉悟，需要精神向上升进，还需要佛法的引导，才有脱离苦海的机会。

佛法给人指出了一个更高远的灵性目标，给人类创造了更宏大的意义与价值——普度众生！有了佛法，中国人的人生有了终极关怀！而《周易》中开放的人的精神，正是为众生有机会认识到佛法的最高境界提供了一个基础。

人，是向下堕落为野兽饿鬼，或是向上修成有神性；是下地狱入无边苦海，或是成为至善入极乐之境，完全看人自己的选择，人是自由的。

这是眼中只能看到那一点点物质世界，没有真正破除迷局的无信仰的人所听不懂的。

象数的易学

易学自先秦之后，按照时代的发展，自然演化出不同的派别来，就像中国古代的学术有汉学、宋学之别，易学也基本上显出了汉、宋的不同：汉代人演易，基本上是象数的模式，而自魏时的王弼开始至宋，形成了弃象求理的义理派。

汉时的象数派，特点在于用阴阳奇偶、卦爻象以及八卦所象征的物象系统解释易的经传。代表人物如孟喜。

孟喜的卦气说可以作为象数派代表。

卦气说就是用《周易》的八卦、六十四卦系统来显示一年四季十二月的物候变化。孟喜把坎、离、震、兑作为四正卦，分别主事一年二十四节气的六节气：从冬至到惊蛰坎卦主事；春分到芒种震卦主事；夏至到白露离卦主事；秋分到大雪兑卦主事。一卦六爻，每爻主事一个节气，如坎初六爻主事冬至，九二为小寒，六三为大寒，六四为立春，九五为雨水，上六为惊蛰。其他三正卦每卦初爻主事春分、夏至、秋分，余爻依次向后安排。剩下的六十卦分配在十二月之中，每月五个卦，每卦主管六日七分，与七十二候相配。从十一月冬至到初候始，中孚卦主事，为一年节气变化的开始，到第二年大雪末候，颐卦用事，一年节气运行完结。这六十卦又分为辟

(君)、公、侯、卿、大夫五等爵位，分为五组，每组十二卦，其中，有十二君卦，又称十二辟卦，代表十二月和一年每个节气的中气，即每月月中的节气，表示四时的节气变化。如图：

十二消息卦		䷗ 复	䷒ 临	䷊ 泰	䷡ 大壮	䷪ 夬	䷀ 乾	䷫ 姤	䷠ 遁	䷋ 否	䷓ 观	䷖ 剥	䷁ 坤
斗建		子	丑	寅	卯	辰	巳	午	未	申	酉	戌	亥
节气		冬至	大寒	雨水	春分	谷雨	小满	夏至	大暑	处暑	秋分	霜降	小雪
月份	夏历	11	12	正	2	3	4	5	6	7	8	9	10
	商历	12	正	2	3	4	5	6	7	8	9	10	11
	周历	正	2	3	4	5	6	7	8	9	10	11	12

圆图显示得更为直观：

爻象显示，从复至乾，阳息阴消，从姤至坤，阳消阴息，所以，它又称“十二消息卦”，用十二卦的爻象很直观地显示了一年二十四节气阴阳二气的消长变化。

后来，京房改造了孟喜的卦气图，孟喜的卦气说只用卦表示到“候”，京房更要细化到“日”，他用爻来配日数，但一年三百六十五天，而爻却有三百八十四，怎么办？他保留十二辟体系，亦将四正卦坎、震、离、兑纳入一年的日数之中，连同巽、艮，一起管理二十四节气，即将四正卦的初爻，主管二至二分（春分、秋分、夏至、冬至）之爻，各为一日的八十分之七十三；颐、晋、升、大畜居四正卦之前，各为五日十四分，其余各卦各值六日七分。并将阴阳二气的变化贯穿其中，解释一年四季的变化过程。

这种卦气图式，实际上就是汉代的科学，它试图用卦象来掌握一年四时二十四节气七十二候的季节变化，以之把握气候变化的规律，控制阴阳灾变的时机，以更好安排人事，本身并不神秘。神秘的是人们当时的这种研究被人神秘化。也许，这是古代的中国人出于小农的意识，自己摸索出一点东西，就把它秘不示人，玄秘化，神乎其技，甚至为了保护知识产权，传男不传女，生怕外人学去而自己丢了生计。于是，许多东西都人为地变得玄乎起来。

还有一种独创性的易学系统，就是京房的八宫卦图，如下图。

京房六十四卦卦序表

八纯上世	乾为天	震为雷	坎为水	艮为山	坤为地	巽为风	离为火	兑为泽
一世	天风姤	雷地豫	水泽节	山火贲	地雷复	风天小畜	火山旅	泽水困
二世	天山遁	雷水解	水雷屯	山天大畜	地泽临	风火家人	火风鼎	泽地萃
三世	天地否	雷风恒	水火既济	山泽损	地天泰	风雷益	火水未济	泽山咸
四世	风地观	地风升	泽火革	火泽睽	雷天大壮	天雷无妄	山水蒙	水山蹇
五世	山地剥	水风井	雷火丰	天泽履	泽天夬	火雷噬嗑	风水涣	地山谦
游魂	火地晋	泽风大过	地火明夷	风泽中孚	水天需	山雷颐	天水讼	雷山小过
归魂	火天大有	泽雷随	地水师	风山渐	水地比	山风蛊	天火同人	雷泽归妹

他将六十四卦，用八卦乾、震、坎、艮、坤、巽、离、兑分成八宫，八本卦每一主卦统领一组七个变卦。

第一宫乾宫卦，乾卦初九变为姤卦，为一世卦，九二爻变为遁卦，为二世卦……九五爻变为五世卦，第六卦晋卦称为游魂卦，即五世卦的第四画阴爻恢复为本宫卦的第四爻象阳爻，变成晋卦，但未回到内卦（即下卦，又叫贞卦）之中，所以，叫游魂卦。第七卦为归魂卦，即游魂卦的下卦变回到本宫卦的下卦，回到本位，所以，叫归魂卦。一、二世为地易，三、四世为人易，五世八纯为天易，游魂、归魂为鬼易。分宫卦象中，体现了阴阳消长的变化的全过程，如乾卦纯阳，阳盛生阴为姤卦，到晋卦表示阳不可尽剥，又复为阳，回到本位。其余以此类推。

京房还将八宫卦配以十天干，各爻位配以十二地支，因为甲为十天干之首，所以，又叫“纳甲”法。后又将五行纳于其中，形成了一个庞大的占卜系统，以此来占卜人事的吉凶。京房的占卦方式影响深远。

西汉晚期，出现了《易纬》。“纬书”是附着于儒家的经书而出现的神秘的解释著作，“六经”都有纬书。其路数也是卦气的系统化体系化，书中的九宫、八卦起源解释以及对天地起源的解释，即是对远古易学的继承，也有汉人的创造，对后世亦产生了很大的影响。

东汉时期的易学家虞翻，值得一说。他不像孟喜、京房，再讲阴阳灾变，而主“卦变”说。具体说来，就是讲卦与卦之间的变化关系，即每个卦都是怎么由别的卦生成变化而来的。卦变在先秦时期也有，但没有人把它讲得太详细，也不系统。虞翻就用卦变说解释《周易》的经传系统。

卦变说一是六子卦从乾坤父母卦生出。乾坤是父母卦，乾坤的二五爻相交，生出坎离两卦；离卦中的二至四爻为巽卦，三至五爻为兑卦；坎卦的二至四爻为震卦，三至五爻为艮卦。这乾坤生六子，看来简单，但意义重大，这是卦变说的根本，其中含有互体、逸象等卦变方法，是卦变说进一步展开的基础。这实际上也是为了将《周易》的六十四卦之间弄出个规律与序列来，是对卦序的研究。

卦变说的另一种形式十二辟卦变杂卦。在虞翻看来，乾坤两卦是基础，乾坤两卦生出十辟卦，“以乾推坤谓之穷理，以坤推乾谓之尽性”，以乾推坤，指从复卦至夬卦，即息卦的变化过程，以坤变乾，是指从姤卦变剥卦即消卦的变化过程。再由十辟卦变化出五十二卦，共六十四卦。复、姤为一阴一阳卦，临、遁为二阳二阴卦，泰、否为三阴三阳卦，大壮、观为四阳四阴卦，然后再将其余的卦根据阴阳爻数，分别纳入以上各类卦中，那么这些卦就是十二消息卦的爻变生出的卦。除了卦变说之外，虞翻还有旁通、互体、逸象、半象等方法。

总之，通过这些爻象的交易变易，往来互通，对《周易》的解释变得更加自由无碍。但穿凿附会的解释，也把清明的《周易》搅成了一盆糨糊。就像汉代的章句经学一样，弄得咬文嚼句，琐碎不堪了。汉代易学已经烦琐沉重，气数将尽了。

义理的易学

汉代人把《周易》的卦象泥之于具体的事物之中，乾为天、为龙、为首、为圜、为君、为父、为玉、为金、为寒、为冰、为大赤、为良马、为瘠马、为驳马、为木果……余卦皆如此，每个卦都有无尽的象征物，八卦即形成了一个无所不包的范围天地万物的巨大的象征系统。

据说在解卦的时候，像这样的象征物掌握得越多，解释起来就越准确，越自由，可以提高《周易》占卜的准确率，但它的负面效应也是显然的，其象数既然不胜枚举，难以穷尽，其过程即变得繁杂琐碎，让人望洋兴叹。而整个卦象系统中的爻变、互卦、半象、逸象等等又让人如入迷宫，上天入地，旁行万物，往来穿梭，四通八达，整个的卦象系统就变成了扑朔迷离的迷彩幻方。

本来“易”是简单的、统贯天地万物的符号大纲，可是“纲”看不到了，却淹没在了无边无际的烦琐的具体的物态万象中。这就是汉代的象数“易”最终发展的必然形态——人把自己给绕进了自己制造的迷魂阵。

变革这种烦琐易学的是魏晋时期的大哲学家王弼与他的追随者韩康伯。

王弼，是个少见的少年哲学天才，据说他“幼而察慧，年十余，好老氏，通辩能言”。道家思想号称玄学，历来难解，王弼十来岁就能读老子，而且非常博通善辩，深有体会。他天才卓著，资性和理，辞才逸辩，甚为自负，为人倜傥不羁，乐游宴，善投壶，解音律，取老庄虚无无为生活态度，真少年老成之士。但官场不甚得意。最为可惜的是，天妒英才，二十四岁就暴病而亡。后人读王弼书，往往叹其天才不寿。

王弼解易，用的是老子的道家玄学。因为道家的学问以“道”为核心，这个“道”也成了中国哲学的核心命题，是中国人的最高价值观。道统贯天地，是万物之纲纽，掌握道即可以通于一而做到万事毕的。所以，他说：“物无妄然，必由其理。……统之有宗，会之有元，故繁而不惑，众而不乱。”这种思想比起汉人拖泥带水、琐细无聊的思想，至为简单，非常高效，所以，王弼一扫汉代易学中昏暗冥昧的象数的雾霾，专从义理的角度来谈易，还易学一个清明朗彻的天空。

具体做法，一是“得意忘象”。

王弼认为，学习易学，不要泥于无边无际的象数中，那样就会把自己弄得迷乱而不得要领，要抓住最重要的东西——“意”。这是道家的思路。汉人学《周易》，太质实，说乾卦一定要落实到龙或马上，说坤卦一定要落实到牛或雌物上，一卦一爻，一定要落实到具体的特定的事物上去。王弼改的就是这一毛病。他重视的是抽象地概括具体事物之上的“意”，所以，他说：“爻苟合顺，何必坤乃为牛？意苟应健，何必乾乃为马？”意思是说，坤直接表示“顺”，而不表示牛，乾直接表示“健”，而不表示马，马、牛都是具体的事物，是象，而“健”“顺”是“意”，抓住了“意”，乾、坤作为概念、作为“名”就与实物马、牛之间的关系松开了，而只和“意”中之理接连在一起。马为“健”，牛有时候也可以为“健”；

牛为“顺”，马有时也是“顺”的，所以，“健”“顺”是事物的共性，是事物之理，他认为学《周易》不必像汉人那样，一定把“顺”定到牛上，把“健”定到马身上。必须忘掉实物的牛、马形象，才能只记住“健”“顺”之共理。这就是王弼的“得意忘象”思想。

牛、马的“名”是对牛、马实物的命名，这是命名与实物之间的关系，即名象关系。而健、顺作为“名”作为概念，是从实物的牛、马身上体会出来的“意”；“名”作为言，即语言，与所会出来的“意”之间，即是“言”与“意”关系，是名与理的关系。由此，王弼甩掉了汉人的名与象、名与实关系，而进入了言意、名理的关系之中。这是中国哲学思维的一大革命。它标示着中国人的抽象思维进入了更高的境界。

对于卦义，他也是“抓最重要”的思路，这就是他的“取义说”。如他解蒙卦是蒙昧之义、需卦为“饮食宴乐之义”，讼卦是“听讼之义”，震卦是“威至而后乃惧”，都是据文生义，只从义理解卦，而有意回避象数。

按他的思路，卦爻象的象征物，就像我们开头说的，是无限多样不能穷尽的，而卦义却是掌握卦爻象的“元”与“综”，抓住它们就能做到以简驭繁了，掌握全局。而一卦六爻，每爻都有意义，那么，整个卦的意义怎么确定呢？一个卦中，其卦义与各爻义有什么关系呢？卦辞与爻辞之间怎么确定其关系呢？王弼就采取“主爻说”，他确定一卦的意义是由卦中的某一爻的意义确定的。一个卦中，虽然有六爻，六爻时位又不同，各有其义，极尽变化，似乎杂乱，但必有一爻是主爻，这一爻统帅六爻，综合卦义，就是一卦的中心。

怎么判定主爻呢？

王弼的基本原则是：一是要看二、五爻，因为二、五爻是上、下卦的居中爻位，《周易》中常常把中爻看成是一卦之主体；二是要看阴阳爻，凡全卦六爻中，就一个阴爻，或一个阳爻的，这一爻就是主爻。物以稀为贵，少者即为主爻。这两种方法都不能判定的，他就曲为之说，自由判定，如对屯卦䷂，爻象是两阳四阴，阳少阴多，他解释说："此一卦皆阴爻求阳也……初体阳爻，处首居下，应民所求，合其所望，故大得民也。"把初九爻作为主爻，这是根据卦爻辞的意义判定的，没有根据以上两个原则。这里解卦，他有意舍弃了卦爻象。

一爻说解卦是王弼的重大发明，但在解卦上却常常遇到解释不通的地方，因为卦爻辞在上古时期本是随机的占筮记录，它们与卦爻象之间没有十分必然的关系。为了解决这一问题，王弼又主张"适时通变"说。他认为爻的性能就在于变化，爻相的变化也没有固定的套路与模式，爻义也在变动不居，爻义的变化是根据爻的时、位来定的，所以，时、位不同，爻义就不同。解爻就必须随时、位不同而变化。

王弼的易学辩名析理，探"综"寻"元"，扫尽了汉代易学的穿凿烦琐，将易学变得简洁明净，但他的爻位说解起卦来弄不通畅的时候，也绕弯子，兜圈子，曲为之说，变得玄玄乎乎，而又进入了幽暗难明的玄学之中。

王弼开创了解《周易》的新时代，之后，有晋人韩康伯继其后又对他的思想做了细化，提出了"八卦备天下之理"的命题，认为八卦与六十四卦及其卦爻辞体系包孕天下之理，《周易》是明理之书。这些思想，对宋儒理学都发挥了极好的启示作用。宋代程颐的《程氏易传》深受王弼玄学义理解《周易》思路的影响。

孔子是易学之魂

世界上的圣人也不是都一样的，他们品性思想、生活轨迹都各不相同。

德国哲学家雅斯贝斯把释迦牟尼、孔子、苏格拉底、耶稣称为“世界四大圣哲”，他们为世界创造了思想的基本范式，后世的人们都是按照他们所创造的思想模式思其所思，行其所行。四个圣人之中，只有孔子是个地地道道的肉眼凡胎的人。

释迦牟尼佛从小就悲天悯人，看到人的生、老、病、死给人带来的无边苦痛，誓愿修行，寻找解脱之道，放弃人间王位与尊荣，入山几十年，尽学各种“外道”，刻苦践行，最后悟到人类痛苦的根源，看到宇宙间万类生命的真相，并找到了解脱之道，于是教化、普度世间众生，出离六道苦海。

按宗教的说法，他仍然是佛，是乘愿再来度化众生的前世之佛。所以，他本有“神”性。

佛教主张修行，众生皆有佛性，皆可通过修行成佛。修行就是实践，即是要按照前面佛的教诲行迹去履行。

释迦牟尼佛以人身修行而成佛，所以，是“超凡入圣”者。

耶稣本不是人，他就是神，所以，他是“非凡而圣”者。

《圣经》里面，充斥着上帝的神迹，耶稣是上帝的独子，上帝派他来世间示现神迹，加强人类对神的信心，来传教拯救人类。《圣经》中还说他是圣父、圣子、圣灵三位一体。《圣经》的福音书里，记满了耶稣可以让奇病痊愈，可以聋子能听，哑巴能话，神奇非凡，以无限的怜悯与大爱，解除了人身的病痛。

他所开创的思想与价值观念，是神对人的爱，他的声音是神的声音。信神者会得救，死后不入地狱。基督教的修行基本方式，是向神倾诉罪恶，来洗净灵魂，只有干净的灵魂才可以去天堂。

再说希腊的圣哲苏格拉底，人们习惯称他为“西方的孔子”。

一般看来，苏格拉底博学多识，喜欢思考，追求真理，崇尚知识，认为知识即德行，他以承认自己的无知而成为雅典最有智慧的人。他主张未经反思的生活是不值得过的生活，未经反思的知识不是真正的知识。他认为别人心中本有知识，只是他不知道，他就通过谈话来帮助他们产生自己的知识，他说自己是知识的助产婆。苏格拉底以前的希腊哲学研究自然界，他觉得自然的东西都在变化，他要寻求人的内在心灵，引导哲学由自然转向了人，开创了伦理学。

而苏格拉底信仰神灵，他从年轻的时候就有一个声音在他耳边经常告诫他该不该做什么事情，他叫它“守护神”。

一般人不愿意把理性的苏格拉底神化，就把那个声音的发出者，称为“良知”，认为那根本不是什么神的声音，而是苏格拉底自己良知的声音。

可是究竟有没有神帮助苏格拉底，还得听他自己的。

所以，苏格拉底也是个“非凡而圣”者。

释迦牟尼、耶稣和苏格拉底都没有留下著作，他们的思想都是后来由弟子记留下来的。与他们几位相比，孔子才真正是“即凡而圣”的圣哲。

孔子肉眼凡胎，关于他的记载，可靠的材料上，没有神神秘秘的东西，没有让人觉得不可思议的事迹。至于那些添油加醋的神化孔子的记载，我们姑妄听之。

孔子本人对鬼神也是敬而远之的，他“不语怪、力、乱、神”；对死后的事情，存而不论，学生问他，他不作回答。所以，他的学生子贡说：“夫子之文章，可得而闻也。夫子之言性与天道，不可得而闻也。”

虽然孔子偶尔也说天帮助他，如他曾经批评过宋国的司马桓魋，后来正赶上他路过宋国，在一棵大树下讲学，司马得闻其讯，就急忙赶过去要杀他，孔子逃掉了，司马就把孔子讲学于此的那棵树砍倒，以泄其恨。事后，孔子曾侥幸地说：“天生德于予，桓魋其如予何？”恐怕连他自已也不知道天是否真正的暗中帮助了他，那可能是孔子逃掉之后的自我调侃。

与其他本身是神的或者有神帮助的圣人相比，孔子的成圣，才真正是善于自学的结果。这正是《周易》的精髓，也是《周易》中的人的本质的体现。所以，勤奋自立是华夏民族的重要品质之一。

《论语·述而》中有句话，孔子说：“加我数年，五十以学易，可以无大过矣。”

有人据此认为孔子五十岁以前没有读过《周易》，这是不对的，孔子年轻的时候就通读过当时贵族教育的教材——五经：《诗》《书》《礼》《乐》《易》，怎么会不读《周易》？

司马迁说孔子读《周易》非常用功，光穿竹简的牛皮绳子都磨断了多少根，叫“韦编三绝”。帛书中记载：“夫子老而好易，居则在席，行则在橐。”孔子老了更喜欢《周易》，坐那儿的时候《周易》就放在他的席子上，走动的时候，就随身装在他的袋子里，以便随时翻看。

孔子一生喜欢学习，他说：“我非生而知之者，好古，敏以求之者。”他的知识都因为爱好古代的东西，再加上敏捷而勤奋地学习得来的。

孔子学习非常勤奋，夫子自道：“学而不厌，诲人不倦。”学习起来不知满足，教育人时，不知道疲倦。学习，教育，利己利人。

孔子的知识，首先是从读书中得来。他是夏、商、周三代文化的集大成者，中国上古文化的继承人，他通贯了历史典籍，掌握了三代的历史变化。他说：“述而不作，信而好古，窃比于我老彭！”对古人的东西，孔子传述而不发挥，不凭自己的喜好去学习、掌握。

孔子晚年回到鲁国，授徒讲学，整理古代典籍，他从内心深处将自己作为传统文化的担当者，继承者。

孔子学习也取法自然。他告诉人们，人的精神的源泉，在于自然，在于万物。只要善于学习，自然就会为人提供永恒不竭的精神动力。

这正是《周易》中卦象及卦德的复杂组合给中国人的启示。《易传》说：“无有师保，如临父母。”意思是即使人们没有老师与保护者，只要有《周易》，就好像父母在身边。它随时对你都有警诫，以免做错事情。父母比师保重要，因为只有父母才是你精神力量的源泉，才是你坚实的靠山，他们是那样的宽厚与无私。

那么，学习的最终目的又是什么？

一般来讲，学习的目的，一是掌握知识，二是培养德行。知识，是用之于实际生活的，指导生活的，而德行则在于提高人生境界，提高人对世界万物的领悟能力。而最后，知识也一定会走向德行，知识是培养德行的手段。德行的形成，也依靠无限丰富的知识的积累与融通。

零散的知识，只是无限多样的生活的基本技能，但这些零散无限多样的知识一旦融通起来，就会形成互相贯通、触类旁通的思想境界——道，得道，就可以得大智慧，就可以以已知的推知未知的，以一类而推其他类别，以现在来推知未来，以“道”来保证未来。“道”是做事毕其功于一役的最高追求，知了“道”，就“通于一而万事毕！”

孔子也说：“朝闻道，夕死可矣！”“道”是人生追求的最高境界。体会了仁道精髓的孔子，对自己一生的学习、实践，做了总结：

> **吾十有五而志于学，三十而立，四十而不惑，五十而知天命，六十而耳顺，七十而从心所欲，不逾矩。**（《论语·为政》）

这是孔子自由出入于仁道的心理描述。仁道，高于一切小道末技。所以，孔子最重视德行的培养，即人的内在境界的开拓。

仁，奠定了中国人的基本价值取向。

孔子通过自己的人生实践，将《周易》引向了德行的仁道。仁，是孔子终身实践《周易》的精神成果，从某种角度来说，孔子可称为《周易》的精神化身。

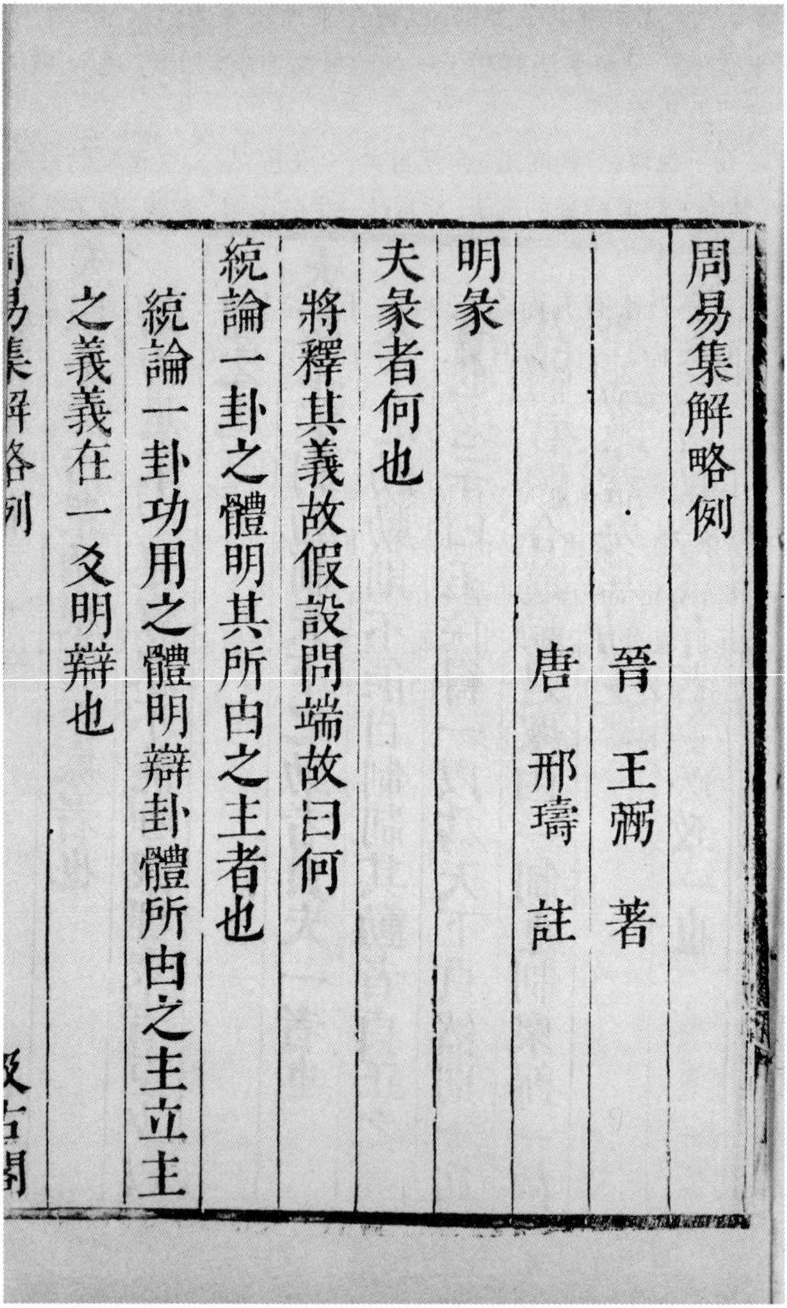

周易集解略例

晉　王弼　著

唐　邢璹　註

明彖

夫彖者何也

將釋其義故假設問端故曰何

統論一卦之體明其所由之主者也

統論一卦功用之體明辯卦體所由之主立主之義義在一爻明辯也

周易集解略例　汲古閣

《周易集解略例》书影（据明汲古阁刻本）

天行健，我何以自强不息

《周易·象传》中有两句话：

> **天行健，君子以自强不息。**
> **地势坤，君子以厚德载物。**

有的人因此会发问：老天运行不止，与我有什么关系，我又不是天，我为什么就必须自强不息？大地柔顺吗？大地怎么是柔顺的呢？即使大地柔顺，与我有什么关系，我又不是地，我为什么就必须积累德行，包容万物？

的确，从逻辑学的角度上说，前面既不是必要的条件，后面也不是必然的结论，毫无道理！

有些解释会认为那是因为中国古代讲求天人合一，天就是人，人就是天，所以，天行健，人也能行健，且必须行健。可是再进一步问，天怎么就是人呢？人怎么就是天呢？天人合一，天人混到一块儿，究竟该怎么讲，大家的脑子仍旧一片模糊。

实际上，能将天、人分开，实在是人类思想的一大发明，当人知道天、人不同的时候，人就自觉了，自己知道自己了；之后寻找向天的回归之路。在这一点上，虽然人类各族思路不同，但问题还是一个问题。正如《周易·系辞下》所说：“天下同归而殊途，一致而百虑！”

《易传》中只是说，人要“崇效天，卑法地”，效法天地，没说天地为什么可以成为取法的对象。

道家把天人之际归为“道”，道在万物中，人通过向道回归，与道合一，就可以打通天人，实现人合于天。

打通的办法是修行，修行的办法就是逐渐减少人的知识与欲望，把知识减少到“无为”的程度，就可合道了。所以，老子说：

> **为学日进，为道日损，损之又损，以至于无为，无为而无不为。**（《道德经》第四十八章）

按照老子的说法，人类学习的目的在于每日增长知识，叫“为学日进”，而“修道”与求学相反，必须每天都减少所知，人所知的俗务越少，心地就越纯净，心地越纯净，人就不那么自我，人不那么有自我的心，就是道心，人就能与道相合，合于道，人就能像道一样，无不可做。

儒家在天人之际的问题上，是这样思考的：孔子认为，“仁”就是天人之际，孟子比孔子说得更透彻：善是天人之际。人的本性，虽然微弱，但它是善的，即“人之初，性本善”。本性是天生的，善就是天赐给人的。天给人的善，就是教人照章办事的。人做善事，就是在按照天的要求做事，按照天的要求行事处世，就不会有什么错误。

这里背后有一个预设，就是只要是天让人做的事情，就是对的。所以，人行善，就是按照天的意图做事。人在善念善行中，也是通于天、合于天的。

人向自己的内心去探究，就会明白自己本性的善良；知道了自己的本善之性，就知道天的意图了，就知道天要让人做什么了，即天要让人行善。所以保持着一颗善心，看护好自己的本性，就是在替天做事。不管是长寿或是短命，好好地修持自己直到死去，这就是立命。

立命就是坚定善性，是天给人的本性这个正确的信念，一生修持，忠贞不渝。

司马迁讲自己写《史记》的一大目的就是要“究天人之际”的，“究”就是求索、寻找、研究的，“际”就是“边际”，他要寻找人与天的边际、人与天的界线在哪里？

司马迁找到了吗？没有！他对儒家的“天道无亲，常与善人”非常怀疑，对道家的修道回天，也没有真正达到。所以，对天人之际，他说他只是寻找、研究、求索。

所以，天人之际，是个未了的问题。

天，就是一本无字之书。人类对它可以生出无限的感受来，也生出无限的意义来。人类感受天，生出无限多的感受与意义，那些能够保留下来的，就是对人类有最大价值的东西。比如，“天行健，君子以自强不息”就是一句催人奋进的千古名言。

“天行健，君子以自强不息”为什么是合理的？对这个问题，我们听听庄子与惠子在河沟的桥上是如何辩论的，或许就能找到答案。

庄子是道家人物，惠子是名家的人物，用今天的话来说，惠子是逻辑学家。庄子与惠子是好朋友，更是一对辩友。两人经常倚着梧桐树趿拉着鞋子抬杠。

一天，两人雅兴，一起散步到了一条小河沟的桥上，河沟里水非常清澈，庄子看到里面的小鱼，自由游动，一时兴起。

庄子曰：“鲦鱼出游从容，是鱼乐也。”

庄子说，你看，这里小鱼自由自在地游动，这些鱼多快乐啊！这本是乘兴的一句玩话，却招来了惠子机智的随机性的反问。

惠子曰：“子非鱼，安知鱼之乐？”

可见，两个人抬杠都习惯了，随时就能找到对方的话缝子。惠子的反问非常有力：你不是鱼，哪里知道鱼快乐啊？

庄子曰：“子非我，安知我不知鱼之乐？”

庄子的回答也非常机智：你不是我，哪里知道我不知道鱼的快乐呢？

惠子曰：“我非子，固不知子矣，子固非鱼也，子不知鱼之乐。全矣。”

惠子一听，更高兴了，他以为用庄子的观点可以反推出其结论的错误，一下子就可让庄子闭嘴，所以，他说，我不是你，是不知道你，而你本来也不是鱼啊，那么，你也不知道鱼是快乐的。完胜。于此，惠子感到非常得意。

这就是逻辑学上的归谬论证，一般来说，这种推理方式，一下子可置对方于死地。但庄子以惠子逻辑的方式的回答，却证明了惠子逻辑论证的失败。

庄子曰：“请循其本。子曰汝安知鱼乐云者，既已知

吾知之而问我，我知之濠上也。”

庄子说，那么还是让我们找找辩论是从哪里开始的吧。当你向我说“你哪里知道鱼快乐”的话，实际上你的问话本身，已经显示出你知道我知道鱼快乐，所以，才问我哪里知道的，现在我告诉你我在哪里知道的，我知道鱼快乐，在濠上。

这真是一种绝顶聪明而又非常智慧的回答。

庄子说，我说鱼非常快乐，我知道鱼快乐，我给你说我知道鱼快乐，你已经知道了我知道鱼快乐，所以，你本来就知道我知道鱼快乐，正是你知道我知道鱼快乐，所以，才反问我是哪里（怎么）知道鱼快乐的。那意思是说，惠子的反问，是以知道庄子知道鱼快乐为前提的，他知道庄子知道鱼快乐，只是想了解一下庄子是怎么（哪里）知道的。

惠子的辩论方式是逻辑的方式，庄子感受鱼乐的方式是诗性的，是情感性的价值判断。

庄子对惠子的辩论取胜，是诗性智慧对逻辑的胜利，价值判断对事实判断的胜利。它表示，价值判断，或诗性智慧，对人类来讲，比事实判断或逻辑判断，更为根本。

因为，鱼乐不乐，本不可知道，就像自然有没有喜怒哀乐，人同样也不知道，孔子说：天何言焉哉？天什么都不说。天对人有什么意义，全靠人怎么样去理解天，人类的意义，靠的是人对无言之天的怎么体验，即人与天之间以怎样的方式进行的情感感通。

众鸟高飞尽，孤云独去闲。相看两不厌，只有敬亭山。

飞鸟都跑得无影无踪了，一片白云也知趣地飘然远去。无边空阔净洁的宇宙，只剩下我与敬亭山，我看着山，山看着我，互相欣赏，两情相忘，无限喜悦。——李白描述了他与自然大山之间的瞬间的情感感通，人山和谐圆融，他们在冥会中互相交通着精神。

大自然虽然不说话，但给人提供着正确的价值观，让人类参照。逻辑能形成正确的知识，诗性的智慧却能够开阔，并增长、充实人类的精神。

《周易》通过卦象以及卦象的无限组合，昭示给人的就是无限的正确的选择。正如《杂卦传》所言：

> 《乾》刚《坤》柔。
> 《比》乐《师》忧。
> 《临》《观》之义，或与或求。
> 《屯》见而不失其居，《蒙》杂而著。
> 《震》，起也。《艮》，止也。
> 《损》《益》盛衰之始也。
> 《大畜》时也。《无妄》灾也。
> 《萃》聚而《升》不来也。
> 《谦》轻而《豫》怠也。
> 《噬嗑》食也，《贲》无色也。
> 《兑》见而《巽》伏也。
> 《随》无故也，《蛊》则饬也。
> 《剥》烂也，《复》反也。
> 《晋》昼也，《明夷》诛也。
> 《井》通而《困》相遇也。
> 《咸》速也，《恒》久也。
> 《涣》离也，《节》止也。
> 《解》缓也，《蹇》难也。
> 《睽》外也。《家人》内也。

《否》《泰》反其类也。

《大壮》则止，《遁》则退也。

《大有》众也，《同人》亲也。

《革》去故也，《鼎》取新也。

《小过》过也，《中孚》信也。

《丰》多故也，亲寡《旅》也。

《离》上而《坎》下也。

《小畜》寡也，《履》不处也。

《需》不进也，《讼》不亲也。

《大过》颠也，《姤》遇也，柔遇刚也。

《渐》女归待男行也。

《颐》养正也。《既济》定也。

《归妹》女之终也，《未济》男之穷也。

《夬》决也，刚决柔也，君子道长，小人道忧也。

六十四卦以象之德性告诫人们遇到此种情境，该以怎么的心态来对待。它靠的是以纯净的、符合天道的心地，结果自是一望便知，不再需要所谓逻辑的推理求证。

共时性法则

现在，不管是西方，还是东方，都接受了一个最基本的观点：因果观念。人们相信：凡事皆有因果。

西方自文艺复兴之后，才走出非理性的黑暗的中世纪，才摆脱那充满梦境和迷离的恐怖世界，用自己的理性塑造出了一个理性有序的意识宇宙。

根据理性的判断，西方人相信，凡事都有它的自然规律与可以觉察出来的原因，这是现代科学的一大原则，也是现代科学研究这个世界的目的之一，就是要探求这个世界的因果链条，揭示世界内部的运行规律。

因果律，帮助人类取得了巨大的成就，小到量子的世界，如人们对“上帝粒子”的发现，大到人们认定宇宙起源于一次大爆炸。这些巨大的成就都与因果律相关，都是就果溯因，穷根究底发现的。

中国人虽然现代接受了西方人科学的因果观念，但本民族的思想深处原来亦有因果观念。中国人一向十分相信因果。不过，这不是西方实证科学的因果观念，而是带有宗教意味的因果观念，即善有善报，恶有恶报，不是不报，时候未到！而在大多数现代人的眼里，是不承认任何无形的、专断的和所谓的超自然的力量存在的，比如神鬼世界。其实，一切自然都有因果秩序，都是可以研究认识的。

因果律在形式上却是一个链条，有个时间的先后顺序。先有因，后有果，因在前，果在后，如此接续，连绵不尽。所以，体现出历时性的特征。

瑞士的大心理学家古斯塔夫·荣格却在《周易》中发现了与历时性的因果律相对应的另一自然法则：共时性法则。

荣格是分析心理学的创始人，开始是弗洛伊德精神分析学的跟随者。但他对弗洛伊德把人的无论什么潜意识都解释成性欲的泛性论甚为不满，认为人的心理除了意识，有双层潜意识，即个体潜意识与集体潜意识。

在这里，是《周易》为他打开了潜意识研究的大门。他看到，《周易》不能被理性所接受，却能被非理性所理解。它能极大地激发人的潜意识能量。因为它理解世界的方式不是历时性的因果方式，而是共时性的偶然的巧合方式。

荣格在自己一生的对人的深层心理研究生活中，所有重要的发现，都伴有梦或共时性的偶然巧合，正是梦和巧合事件，引导着他一步步走向成功。

他说：《周易》遵循的不是因果原理，是一种我们不熟悉的迄今尚未命名的法则，他称这种法则为“共时性法则”。比如，我们现在所知道的“时间”就是钟表上显示出来的时间，它或是时针的走动，或是电子表上数字的跳动，且一去不回，非常空洞，非常抽象。而根据《周易》的这一法则，时间根本不是抽象的，而是十分具体的，它以一种与因果原理不同的平行对应方式，在不同的地点同时表现出来。

例如《礼记·月令》中的时间：

孟春之月，日在营室，昏参中，旦尾中，其日甲乙，其帝大皞，其神句芒，其虫鳞，其音角，律中大蔟，其数八，其味酸，其臭膻，其祀户，祭先脾。

东风解冻，蛰虫始振，鱼上冰，獭祭鱼，鸿雁来。

春天的第一月本来是一个抽象的时间概念，但这些具体的事件，都指向了这一月，这一月就是用那许多碰巧一起出现的事件来表示的，这里时间很具体，都是一些具体的凑在一块儿的自然事件。人们一想到春天的第一月这个时令，那些许多一起出现的事件的情境都出来了。这里时间就不抽象，不空洞了。

这些共时性发生的事件，与我们在那些同时发生的同一思想、象征或心理状态中发现的是一样的。为什么呢？

实际上，这是《周易》的“整体性”观念。《周易》八经卦、六十四别卦、三百八十四爻之间，是一个有机的宇宙整体的象征，其中万物互相关联，往来互通，互相渗透，互相感应，牵一发而动全身。正是《易传》所说：

《易》无思也，无为也，寂然不动，感而遂通天下之故！

万物生成如环，都是环上一节，所以，万物中四通八达充满着通道网络，只有《周易》才会蕴含这种宇宙万物的自然状态规律。所以，其中的每一卦每一爻，都是一个象征，它们连接着心物，连接着相关性事件，将现实与内心，外在与内在等都对应起来。

用中国哲学的话说，《周易》通贯着天人，天人相应。

《易传》中有这样一句话：“知以藏往。神以知来。”

人在生活中，遇到不顺的时候，不能只靠藏往的“知”，过去只能限制人的自由，而要善于用知来的“神”，要有圆通的精神。当人以一种所有偶然事件都有意义的态度生活的时候，一切事件都互感互通的时候，生活中就充满着意义，人就不会像精神病人一样只生活在过去或凝固的精神幻想之中，他就会向前看，《周易》的预知，就会让人在走不通的时候走得通。

生活中充满着意义，人生就会充满生机，就会充满阳光，充满希望。

用德行保证命运

中国正常的传统社会是一个伦理的社会，重视人间亲情、友情。在主张大公无私的时代，人们一度对虚幻的未来充满着信心，充满着憧憬，社会流行的价值观是要人们舍小我而从大我，最极端的要求是“狠斗‘私’字一闪念”，很接近宋儒的“存天理，灭人欲”。而到了商品经济为主导，单纯追求物质享受的时代，欲望泛滥，“利”字当头，许多人为了达到目的不择手段。社会充斥着所谓成功学、励志学、厚黑学的教化怂恿，不断煽动人的欲望；电视上播放扭曲的历史，夸大权斗、宣扬宫闱密谋的电视剧，教授们编辑中国古代智术大全，曲解着原本教人顺天遁道的各种计谋与权术，从孙子到鬼谷子，从“三国”到三十六计，引导民众耍奸弄滑，玩点子，斗计谋。

以智图欲，就导致了现代人的互相伤害。从用品到食品，无货不假，无商不奸，触目惊心，古今罕有。表面上看来许多人挣到了大钱，在社会上以当今的标准算个成功者，但实质上大家都是受害者，谁也别想逃脱，结果是整个民族精神的溃烂。这就是崇尚智术的现代人鼠目寸光的现实。

一句话，人再聪明，再机智，单单凭此，也不能保证自己的命运亨通无阻。现代人丢掉了传统的信念，已然迷失了自己的方向。

现代人还有一个根深蒂固的观念就是进化论。这种思想对中国正统道学精神破坏力极大。可是它却打着科学的旗号，披上了法家与时俱进思想的外衣，丝毫不被人觉察，极具迷惑性。进化论主张古代的不如现代的，现代的不如未来的；古代的都是朴素的、落后的，现代的都是先进的、科学的，古代的都应该扔掉。这是导致中国人抛弃传统的一大原因，直接造成了现代中国人的历史虚无主义，造成了中国文化的断根，使本来非常重视历史，非常崇古、非常有历史意识的中国人一下子变得弃古、厌古，甚至反古起来。这是现代的中国人与传统的中国人的极大区别。

一个没有历史的民族是无根的，是灵魂没有归宿的漂泊者，这样的民族就会随波逐流，没有主心骨，其命途就会失去方向。一个民族命运是这样，一个人也是这样。

《周易》表面上看虽为卜筮之书，但它核心的精神是培养德行，它教导人们虽然它可以告诉你一些未知的事件，但最重要的还是要修养德行来保证命运。

商朝的时候，人们的命运听命于上天，笃信鬼神，遇大事小事必占，都要问问鬼神吉凶。西北的小邦周，灭掉了大国商，战战兢兢地获得了天下，开始怀疑商人的"命在天"的观念，开始怀疑殷人所信奉的天命。他们思考：他们取得天下靠的是什么？他们政权的合法性在哪里？思考的最终结果是：靠了被商纣王关在羑里监狱里推演《周易》的周文王的"盛德"。

《易之义》说："子曰：'《易》之用也，殷之无道，周之盛德也。恐以守功，敬以承事，智以避患。'"《周易》的应用，发生在殷王无道，周文王盛德的时候。《周易》中体现着：文王恐惧以持守原有功德，恭敬地做事，聪明地躲避着祸患。所以，周人信奉："皇天无亲，唯德是辅！"意思是说老天爷没有亲人，他只帮助有德的人。殷人失去天下，是因为无德。

这实在是一大思想发明，它奠定了中国人的精神根基。

德行比智性是更大的智慧。

我们现代人往往从进化论的角度嘲笑古代人愚蠢、低等、落后，实在是自己的无知。春秋时期的中国人的三大价值观，都令现代人相形见绌，都能映照出现代人的小人心态，《左传》有"太上有立德，其次有立功，其次有立言"之语。

孔子那个时代，知识分子最重视的就是德行的修养，这是第一要务，孔子将周人的德行观念，具体变成为"仁"的内容。儒家所提出的仁、义、礼、智、信五常，"智"差不多放在了最后。所以，中国人最重的不是智性，而是德行。

对于《周易》，孔子也用于占卜。他的学生子贡问他是否相信占卜时，他说自己"百占而七十当"，意思是其准确率只有百分之七十。所以一切都在变化之中，所以他更为重视的是《周易》所体现的德行义理，他说："《易》，我后其祝卜矣，我观其德义耳也。"是说他把祝卜的占筮放在后面，德义是最重要的。这就使以前只注重于具体事件的《周易》有了确定的普遍的思想取向。

《周易》正是培养人的美好德行入门的地方，《易传》说：

> **知崇礼卑，崇效天，卑法地，天地设位，而《易》行乎其中矣。成性存存，道义之门。**

人要知道天地的尊卑之序，向天学习崇高、尊贵，向大地学习谦卑、包容，天地就摆在那里，"易"道贯穿其中，时时在人的面前。它是人最好的老师，人通过不断学习《周易》的道理来加强自己的修养，这才是寻到了进入义理真谛的门户。

《周易》的核心思想之一就是"以天道推人事"。一切自然的物性，都是人的德行培养的基础。如：

乾：天行健，君子以自强不息。

注重修养的人要效法天道健动不息的精神。

坤：地势坤，君子以厚德载物。

注重修养的人要像大地一样具有承载万类的品德。

蒙：山下出泉，蒙。君子以果行育德。

注重修养的人要像出山之泉抗蒙承压，果敢坚毅。

师：地中有水，师。君子以容民畜众。

注重修养的人要像地中蓄水一样包容纳众，蓄养民众。

颐：山下有雷，颐。君子以慎言语，节饮食。

上艮下震相合，如口之象，提醒人们要谨慎说话，饮食有节制。

大过：泽灭木，大过。君子以独立不惧，遁世无闷。

大过卦，下为风为木，上为泽，木在泽下，被灭，大过。有头脑的人面对此情境，应该守节不屈，隐居不仕。

离：明两作，离。大人以继明照于四方。

离就是太阳，就是光明，聪明睿智的人应该像太阳一样普照天下。

总之，《周易》就是告诉人们，人是自然的学生，遵循天道学习物类的德行。那么，为什么要培养德行？

子曰："《易》，其至矣乎？夫《易》，圣人所以崇德而广业也。"

孔子说加强品德修养的目的，在于"广业"，即成就伟大的事业，什么是伟大的事业，其意就是利民厚生，有益于天下苍生的善行善举。

为什么德行能保证人的事业的亨通，能保证人的命运呢？

许慎在《说文》里说："德，外得于人，内得于己也。从直心。"有德的人既能够了解别人，也能了解自己，所以，非常通达。他们往往替别人着想，从他人的角度上想问题，能够将心比心。他们知道别人需要什么，知道别人想什么，所以，他们能够聚拢人心。他们有很好的感通能力。

老子说："知人者智，自知者明。"他们既智且明，所以，德行是一种大的智慧。失道者寡助，得道者多助，有良人相助，做事情就顺利，事业就容易成功。

实际上，普通人与有德的人的区别，按孟子的说法，就在于普通人都有个"小心"，而有德的人都有颗"大心"。"小心"的人只考虑自己，只关心自己的利益，所以，心地狭隘，也做不了大事情；而有德的人就有颗善心，即使他能力不足，也有许多人愿意帮他，他也能成就大事情。你再有才能，如果德行不够，早晚也是会遭遇祸患的。

所以，中国人特别重视“积德”。《周易》有：“积善之家必有余庆，积不善之家必有余殃。”这个“余”字特别有味，就是“未了的”，“必有”十分肯定。积累德行，就会有增福；积累恶行，就会余下祸患。所以，古人说：“善不积不足以成名，恶不积不足以灭身。”宋代大史学家司马光曾说：你给儿孙留下财物，儿孙未必守得住；你给儿孙留下书，儿孙未必去读。只有积累阴德，才能佑儿孙之福。

这种德可致福观念，也曾遭人怀疑，司马迁就曾怀疑过，他说伯夷、叔齐都是品德纯洁、宅心仁厚的人，可是却饿死首阳山。而盗跖杀人食肉，横行残暴，却得善终，哪里见得“天道无亲，常与善人”？民间也有许多人不相信这个观念，有句民谚说：“好人没长寿，祸害一千年！”窦娥抱屈含冤，呼天抢地地质问天地：“为善的受贫穷更命短，作恶的享富贵又寿延。”

许多的历史事实证明，用德行似乎也保证不了命运。所以，现代人对这种观念也极为排斥。什么“吃亏是福”，都是善良人的自我安慰。

这种被人怀疑的信念，后来被佛学解释通了。人是有来世的，因果通三世，这一生一世积累的德行，不一定现世报，那要看因缘，因缘成熟了才报，恶行的报应也是一样的。所以，佛教讲业力的因果轮回。人一生一世所造各种身业、意业、口业。诸多罪业不会因为人死了而消失，而是会随着灵魂在六道里轮回，在适当的因缘上就会见报。所以，佛教说“万般带不去，唯有业随身”。

正是因为中国人有《周易》做基础，所以，中国人在接受起佛教的因果观念来非常容易，《周易》的这种思想与佛教非常相似，但没有佛教讲得圆满透彻。若不是佛教的因果论，中国人怕早就将“天道无亲，常与善人”放弃掉了。

近百年来，无神论击碎了“善有善报、恶有恶报”的思想，致使现代人作起恶来没有了思想包袱，更大胆，更放肆，因为无知的人也是无所畏惧的。

实际上，即使没有佛教对积德得福的解释，春秋时期，人们也对此有了很好的说明。现代人爱把人生的得意与快乐叫“幸福”。实际上，春秋时期，“幸”与“福”是不同的。《国语·晋语》中说：“赵襄子曰：‘德不纯而福禄并至，谓之幸；夫幸非福，非德不当雍，雍不为幸。’”

没有道德的福禄，不是福，是偶然的侥幸，这种偶然的侥幸，不但不是福，而且还容易招祸。所以，《左传》中说：“无德而禄，殃也。”

现代人对“幸”与“福”不做区分，是人们被偶然侥幸的快乐与享受冲昏了头，也为自己的放纵找到了借口，大开绿灯。

所以，人，缺什么都可以，就是不能缺德。

天无绝人之路

人在生活中，会遇到许多难解的问题，这些问题一旦压在心头，不能纾解，即成心结。它会像阴魂一样郁结在心里，不离不散，人就会纠结于此。

人有了心结，不能打开，如果程度轻弱，不影响人的正常生活，人就是正常的；如果程度严重，不能正常地思维，就会像祥林嫂一样天天讲阿毛的故事，精神上就出问题了。所以，有了心结，通俗地说就是“死心眼”，即心死于此，不能再灵活地思考问题。

人生在世，谁能一帆风顺，事事顺心？总有走不通的时候，人之不如意常十之八九。怎么解决困惑？如何能让心眼不死，方法倒是有：培养活心眼！《周易》就是一种好的方法，“无有师保，如临父母”，它告诉人们，在没有老师教导保护的时候，它能像父母一样引导着、卫护着你前行的路，使人们在遇到困窘的时候不致走投无路。

殷末的时候，周文王在西北边陲小邦周，积德累善，普惠周边，商纣王大臣崇侯虎认为文王有野心，将来必是个威胁，即进谏纣王，纣王把文王关进了羑里七年。文王因修德遭遇不幸，他不怨天，不忧人，于狱中推演《周易》，以通天人之道，获得脱身智慧，最后以周代商，而有天下。

为什么《周易》会给人希望？

因为《周易》是一本讲变化的书。“变”是《周易》的根本主题。

《周易》之“易”的意思，古人首先就讲是“变易”，其次才讲“简易”“不易”。“易”字，有人认为是“日月为易”，就是说“易”是描摹日月运行、标示天地变化的书；也有人认为“易”字是“蜥蜴”，一种会变色的动物，即是说《周易》表达的是像蜥蜴一样能进行复杂变化的思想。

《周易》中的阴阳两爻，就是模仿变化的，“爻者，言乎变者也”。《周易》一卦六爻，由下而上的变化，显示出普遍的事物的变化过程。

对于一般的事物变化，初爻是事物萌芽始生，二爻是事物稍稍壮大，三爻代表事物初有成就，四爻代指事物进入新的高级阶段，五爻代表事物达到鼎盛，六爻代表事物将衰。

对于人生事业的变化，初爻代表开始，尚默默潜藏；二爻代表事业开始；三爻代表人在旅途，积极进取；四爻代表即将成功；五爻代表成功；六爻代表穷极而终。

不管是大到王朝的兴衰，小至个人的沉浮，都有一个这样的过程。所以，学了《周易》，人就会有非常宏伟的长远的全局的眼光，人的心量就不再只局限在一点上，形成纠结的心病，即使事业上有难解的问题，人也不会为此而纠结，而是遵从《周易》的训导，小心乐观地寻找解决办法。

《周易》六十四卦、三百八十四爻，互相旁通、转化，我们生活中常称事情与想的不一样为“变卦”了，卦是会变的，因为一切事物都在变化，而且互相影响，互相关联。因此，让变化成为一种信念，成为一种能量，人就不会形成心结，结成心病，出现精神问题。“《易》穷则变，变则通，通则久”，事业要想发展持久，就必须知道变通，常言道，人挪活，树挪死，人遇到困阻，就要主动求变。

如何知道自己陷入困境呢？

知道自己纠结了，就是自己已经形成困境了，生活中遇到的问题把自己的心智给困住了。知道自己被困住了，就会有走出困境的办法。所以，《周易》中的困卦，不是不吉利的卦，相反是非常亨通的卦：

䷮困卦，下卦为水，上卦泽兑，水在泽下，大泽呈干枯之象，为贫乏、困穷之象。而卦德却是，坎为险，兑为悦，表示内怀陷险而外显悦乐，就是要以欣悦的态度来对待困难。所以，《象传》：“泽无水，困，君子以致命遂志。”观此卦象，启示人遭遇困难，要有处困之道，人越窘困，志向越坚定，有难不逃避，见危不曲全，能舍弃生命来保全自己的志向。所以，卦辞上说，困：亨，贞；大人吉，无咎。有言有信。

困，表示处于窘迫，卦爻九二、九五都是刚爻居中位，被陷阴爻之中，形成君子被小人所困之象。亨，亨通，占卜结果，对于“大人”即君子而言，没有灾祸。只是君子遭遇困窘的时候，没有人信任他，他说什么别人都不信，正是山穷水尽，穷途末路。

为什么对于“大人”即君子来说亨通呢？

因为作为“大人”即君子能固穷，在困境中能把持好自己的操守，正身修德，有所不为；没有人信任，自己就默然静处，不发话，不得不说话的时候，审时度势，少说为宜，以静待机会，就会亨通，没有灾殃。

当年孔子至陈、蔡，吴伐陈，楚救陈，兵戈不息。楚昭王听说孔子是贤人，准备聘任孔子，陈、蔡两国的大夫听说，担心楚国用孔子而强大，围困孔子师徒一行，绝粮断炊，七天七夜，弟子们都顶不住了，心生怨气，孔子仍然镇静如常，弦歌不绝。后来派子贡求楚，才得脱身。当时子路沉不住气，很恼火，问孔子：“老师，君子也有困窘的时候？”孔子回答：“君子固穷，小人斯滥矣。”君子能守得住穷困，小人就泛滥没有底线了。

战国时期的法家人物商鞅，就是这样的一个小人。虽然也才华横溢，但却刻薄寡恩，无德无行，为了迅速脱困，巴结宦官得见秦王，为人不齿；为讨好秦王，曲意阿谀，丧尽立场，小人脱困，没有底线，不择手段。商鞅最后被车裂。

自然在变，人不能两次踏进同一条河里；人生也处处在变，时时在变。变化是常态，吉凶祸福，也是常态，有变化就有吉凶祸福，正像《易传》所说：

> **八卦成列，象在其中矣，因而重之，爻在其中矣。刚柔相推，变在其中矣。系辞焉而命之，动在其中矣。吉凶悔吝者，生乎动者也；刚柔者，立本者也；变通者，趣时者也；吉凶者，贞胜者也。**

八卦为象，爻象效变，阳爻阴爻相磨相荡，变化就发生了。为卦象做出解释而系辞命名，人的行动就在其中；人的吉凶祸福，就在人生的变化之中；阳刚阴柔，是天地之本；人学会变通，就是要适应形势的变化；人生的吉凶，全在人做事是否中正，正则吉，不正则凶。

这就是《周易》点拨给人生的吉凶祸福之道。

所以，易道即天道。

从不弃占、不轻占到不占

现代人对《周易》的占筮，心态很复杂，有的人极为反感占筮，认为那是迷信的东西，根本不靠谱，“八卦”因而也成了胡说八道的代名词，是一个贬义、恶意的词儿。但生活中，又很容易看到街头上算命的生意十分红火，许多人愿意花大把的银子找算命先生去问吉凶，风水、命理、堪舆术非常火爆，似乎又显示着人们根本又离不了占筮算命。

实际上，《周易》号称是中国第一经书，地位很高，但现在的中国人还真是对它不甚了了。为什么呢？一是现代正规的学校不开设这门课程，二是自学它也并不简单，三是它的思维方式与现代人格格不入，让人理解起来十分困难、别扭。

该怎么“用易”？这恐怕是想了解《周易》的人最关心的问题。

这个问题的答案要看你该怎么理解“命运”，如果你相信命是注定的，那么你就会相信未来可以预测，《周易》的预测就存在准确、不准确的问题。

实际上，即使命运是预定的，人的未来、人的命运，谁能看得透？都是未知的。所以，人的命运，将来究竟怎样，无法真正预知，关键在于人的选择，人的选择会让自己的“运”起变化，而

“运”的量变也会在人不停的选择中影响到“命”这个质的变化。

宋代的时候，有一个叫辛弃疾的大词人，他与金代的一个文学家、书法家党怀英少年时是同学，同学于蔡伯坚，号称“辛党”，非常有名。后来金人南侵，占领了山东。作为读书人，面临未来的命运，不知道该如何选择，于是，二人占筮，以决去留。党怀英得遇坎卦 ䷜ ，所以，就留在了金国，做了金国的高官。辛弃疾筮得离卦 ䷝ ，所以，就决意南归，成了至今令人颂扬的民族英雄。二人得遇的卦是怎么断的呢？原来坎卦在后天八卦方位中指北方，所以，党怀英就留在了北方；离卦在后天八卦方位中指南方，辛弃疾就聚众抗金，领兵南下。

人的命运，将来究竟怎样，无法真正预料，关键在于人的选择，只不过，辛、党二人的命运是《周易》替他们做出的选择。前面我们说过，易道，就是天道，听从《周易》的安排，就是顺从了天命。

这也是为什么古人要求人们学习《周易》要重视德行的修养、不要太注重占筮的根本原因，因为他们相信“命”就在“性”中，知“性”就可知“命”；修“性”可以改“命”。

就像战国末期的大儒荀子对《周易》占筮的断言：“善为易者不占。”意思是说，对《周易》学得好的人不用占筮就可以预知吉凶。这里面包含两层含义：一是修性可以改命，二是通晓易理可以知道天道的变化，做到未卜先知。

年轻的时候，孔子对《周易》感受不深，待他五十岁知晓天命的年龄，才对《周易》有深切的领悟，他说“加我数年，五十以学易，可以无大过矣！”五十一岁时，他有了出仕的机会，被鲁定公任中都宰，算个县长；迅速升小司空，相当于工业部副部长；又升司寇，即司法部长官，位列大夫，甚至主持国事，行宰相之权。

正当红得要紫的时候，他要进行“强公室，隳三都”，进行政治体制改革，加强君主权力，拆除季孙氏、叔孙氏、孟孙氏三大利益家族的城墙，削弱他们的势力，遭到抵制，后被排挤。仕途遇阻，筮得旅卦䷷，让商瞿氏帮助分析，商瞿氏说：“有圣人的智慧却没有圣人的位子。”孔子很伤心，说：“凤凰不来，黄河不见河图出现，这是天命如此啊！”

旅卦，山上有火，山不动而火流行，有旅行之象。卦德上显示，内卦为止，外卦为文明，柔得中位，陷阳刚之中，人旅行在外，客居他乡，就必须于内怀中正之德，外宣文明之象，才能小亨。所以，他穷究易理，作十翼，周游列国，十三年之久，宣传自己的主张。不如此，他的思想无法传播，也无从收到无数有名望的弟子，哪里有现在的影响？这则故事，有人觉得不确，但易理确实如此。

所以，人在面临困境，山穷水尽，一片茫然，无可措手足的时候，《周易》就可以给你决出一条路来，相信它的安排，人自然就心安理得，也遵从了“正命”。

“正命”一词是孟子的说法，遵从天的安排，就是正命；不遵从天的安排，就是“非命”。人横死，就是死于“非命”，就不是天的安排。

《周易》就是中国人的探究真理之路！

但是，人不能太过迷信占筮，过分依赖占筮，人就会非常懒惰，对困难、对问题不积极地思考，不主动地解决，就不能很好地发展自己的智性、理性。人解决自己的一切问题，主要是靠自己的理性与智慧。

有句话说得好，求神不如求己！人在命数中所占的主导地位是不应被忽视的。“易”除了不断变化，还有至简至易的意思，人只要事事遵循天道，顺应自然，那么凡事都会有好的结果。

蒙卦䷃卦辞说：“亨。匪我求童蒙，童蒙求我。初筮告，再三渎，渎则不告。”蒙卦说，得遇此卦，是亨通的。不是我求幼稚蒙昧人的占筮，而是幼稚蒙昧的人才求我占筮。初次求筮，告诉他，如果不信，再求筮，就是不相信神明，就是亵渎神明，亵渎神明，就不跟他说了。

实际上，这个问题，以今天理性的理解，如果人算命太多，说明人心无定性，常常处于疑神疑鬼的狐疑状态，对任何事情都不相信，有时又对任何事情都相信，所以，这样的人没有正性，没有正性，如何有“正命”？

所以，古人总结出占筮三不占：

一是不疑不占。《左传》上说：“卜以决疑，不疑何卜？”占筮是决断疑惑的，没有疑惑占什么？人，只有真正遇到大的困难了，没有一点解决的思路，才要占筮。

二是占筮要有诚心。占筮属于“鬼谋”，求助的是神灵世界，所以，心要诚，不能狐疑。不相信神灵，神灵就不会告诉他结果。

第三是不义不占筮。想问的问题不符合道义，不符合人间的事理，不要占筮，比如强盗占筮打劫能不能得手，小偷占筮人家家里有多少钱，占筮也不灵。宋代的大儒张载说：“易，为君子谋，不为小人谋。”所以，《周易》中多为告诉君子的话。

故占筮要极为慎重，不轻占。而《周易》所达到的最高境界是不占而断！

有人把《周易》的占筮境界也分为三种：

一是众人占。一般的普通民众，心情不顺了，丢失财物了，两口子吵架了，鸡毛蒜皮，生活琐事，不用头脑思考，大小事都占。这是因为一般人智识不足。越是智识不足，占得越多，占得越多，人越没有解决问题的能力。这样的占筮，悔吝参半，不会太准确。

二是贤人占。有头脑，聪明睿智的人，不占这些鸡零狗碎的事。他们遇到了问题，困窘于其境，自己经过深思熟虑，有了许多条解决的思路与策略，但对使用什么策略，不能决断，此时占筮，必吉。

三是不占而断。心地纯正，问心无愧，智识高的人，只反思人们行为的前因后果，外在各方的影响，深识物性人性，自然对事情的发展，洞若观火，明察秋毫。

如武王伐纣，周人取得天下，大封功臣。姜子牙被封于齐，周公旦的儿子伯禽封于鲁。姜子牙问周公如何治鲁，周公说“亲亲尊尊”，姜子牙说：“鲁从此弱矣！”以礼治国，任人唯亲，鲁国将来贫弱。周公问姜子牙如何治齐，姜子牙说：“举贤而上功。”推举贤人，崇尚功德。周公断言，齐国后世一定会出现国君被弑杀的现象。后来，果然鲁国贫弱而灭，姜氏的齐国虽富强，而二十四世时被田氏所取代。这就是不占而断，圣人能见微知著，见一叶而知天下秋，凭的是人的智慧。

再如孔子断他的得意弟子子路要“横死”。《论语·先进》载：

> **闵子侍侧，訚訚如也；子路，行行如也；冉有、子贡，侃侃如也。子乐。曰：“若由也，不得其死然。”**

一次孔子师徒几个在一起，孔子私下里观察几位爱徒，看到身边的闵子骞，显得正直平和样子；子路显得很刚强的样子；冉有、子贡，显得很和乐的样子。孔子很高兴。但又很担心地说：“像由这样，恐怕将来不得善终。”他知道子路是一个很直率、勇敢、刚强的人，生在乱世，恐怕难以免祸，显出对子路生命的担忧。

后来，子路卷入了卫国父子争位的内斗中。孔子一听说卫国内乱，就判断说：“嗟乎，由死矣。”果然，子路死于战乱。孔子对子路性格很担心，子路死得忠勇，孔子很伤心。

所以，学习《周易》最后达成的是智慧，是不占而断。学习《周易》不能停留在不用心的听天由命上，而必须发展出自己的智慧与能力。

图书在版编目（CIP）数据

生活的智慧：简妙《周易》/ 鲁庆中著．— 郑州：海燕出版社，2015.3（2017.2 重印）
（华夏文库．经典解读系列）
ISBN 978-7-5350-6177-5

Ⅰ．①生… Ⅱ．①鲁… Ⅲ．①《周易》－研究 Ⅳ．① I207.419

中国版本图书馆 CIP 数据核字（2015）第 032733 号

华夏文库 经典解读系列

生活的智慧

——简妙《周易》

鲁庆中 著

出版发行：海燕出版社
（郑州市北林路 16 号 450008）
发行热线：0371－65734522
经　　销：全国新华书店
印　　刷：恒美印务（广州）有限公司
开　　本：635 毫米 ×965 毫米 1/16
印　　张：10.5 印张
字　　数：145 千字
版　　次：2015 年 3 月第 1 版
印　　次：2017 年 2 月第 3 次印刷
定　　价：18.50 元